Cuando conocí al
DIOS AMOR

Ana Finat Martínez-Costa

Cuando conocí al
DIOS AMOR

CÓMO EL AMOR DE CRISTO ME LIBERÓ DE LAS CADENAS DEL MUNDO

2ª EDICIÓN
El fenómeno que revela la grandeza del Señor

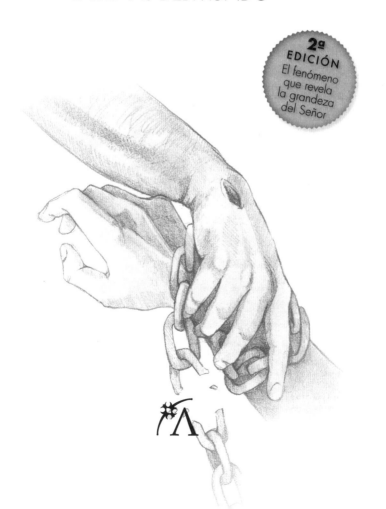

© Ana Finat Martínez-Costa, 2024
© Editorial Almuzara S.L., 2024

Primera edición: septiembre, 2024
Primera reimpresión: octubre, 2024

Arcopress • Desarrollo Personal
Dirección editorial: Pilar Pimentel
Edición al cuidado de Rebeca Rueda
Diseño y maquetación: Fernando de Miguel

www.arcopress.com
pedidos@almuzaralibros.com - info@almuzaralibros.com

Editorial Almuzara
Parque Logístico de Córdoba. Ctra. Palma del Río, km 4
C/8, Nave L2, nº 3. 14005 - Córdoba

Imprime: Gráficas La Paz
ISBN: 978-84-10354-05-0
Depósito Legal: CO-1397-2024
Hecho e impreso en España - *Made and printed in Spain*

A mi familia natural y espiritual, por haberme enseñado a ser quien soy y acompañarme en mi camino al cielo. Y en memoria de Santiago Arellano Hernández, que tanto me ayudó a dar forma a este libro.

Índice

9

Prólogo

R ecuerdo cuando, estando de párroco en pueblecitos del
Pirineo navarro, se me acercó un hombre con melenas
y barbas, con tono amenazante, a decirme: «Si pudiera, pegaba fuego a todas tus iglesias». A lo que le contesté, sin
pensar mucho: «Pues yo he venido a prender fuego a la tierra,
y ojalá estuviera ya ardiendo» (Lc 12, 49). Es de las frases de
Jesús que más me gustan. No le dije nada más, debió pensar que yo era más pirómano que él. Lo que sé es que, desde entonces, me empezó a saludar con más afecto que antes.
Que la tierra arda es el deseo del Corazón de Jesús. Él muere
y entrega el Espíritu Santo para que todo el mundo arda en el
fuego de Su amor.

Esto es lo que estos años he podido constatar en Ani, mujer valiente y apasionada; se podría decir «mujer de fuego».
Qué hermoso es ver cuando Jesús conquista un corazón y lo
prende en el fuego de Su Espíritu. No me extrañó cuando
supe que por sus venas corría algo de sangre de san Francisco
de Borja o de santa Teresa de Ávila; ambos, luchadores por la

Gloria de Dios. Y he aquí lo primero que me gustaría recalcar: «Toda la Gloria es para Dios» (Ef 3, 21). Esta es la gran diferencia entre los libros autobiográficos mundanos, en los que uno busca quedar dignamente, explicar que tenía razón y proclamar cuánto bien ha hecho, y un libro testimonial, como este que el lector tiene entre manos. Aquí no se trata de que el autor cause buena impresión, sino de co ntar lo generoso que Dios ha sido con él. Nunca me prestaría a prologar un libro de esa primera clase; en cambio, escribo feliz estas líneas para subrayar lo bondadoso que Dios está siendo con Ani.

¿Un testimonio de una mujer tan joven? Efectivamente, la Palabra de Dios nos dice: «Mirad el desenlace de su vida» (Hebreos 13, 7), y está en lo cierto porque, como señala san Pablo, «el que crea que está firme, cuídese de no caer» (1.ª Cor 10, 12). Hemos de pedir siempre nuestra perseverancia, ya que sin Él no podemos hacer nada, pero a la vez tener conocimiento de nuestra debilidad y no querer predicarnos a nosotros mismos, sino glorificar a Dios, pues Su Palabra nos dice: «No se enciende una lámpara para meterla debajo del celemín, sino para ponerla en el candelero y que alumbre a todos los de casa. Alumbre así vuestra luz a los hombres, para que vean vuestras buenas obras y den gloria a vuestro Padre que está en el cielo» (Mt 5, 13-16).

Esto es lo que pretende Ani con este libro, dar Gloria a Dios y hablar de Él a todo el mundo, para que pronto toda la tierra arda en el fuego del Corazón de Cristo y en Su Espíritu Santo, al igual que nos pide san Pedro: «Glorificad en vuestro corazón a Cristo, el Señor, estando dispuestos en todo momento a dar razón de vuestra esperanza a cualquiera que os pida explicaciones. Pero, eso sí, hacedlo con dulzura y respeto» (1.ª Pedro 3, 15).

Deseo y espero que este testimonio de Ani pueda ayudar a muchos a descubrir el Corazón Vivo de Jesús y el Amor ardiente del Espíritu Santo, núcleo central de toda vida, y a entender que Dios no quita nada de lo que hace la vida hermosa, buena y alegre, a excepción de aquello que impide esa plenitud. Dios potencia y da sentido, reconstruye la familia y la llena de Su Alegría.

También, esta historia narrada resalta una invocación a no ser mundano, a seguir a Cristo y todo lo que ello implica, siguiendo la prédica de Jesús: «Estáis en el mundo, pero no sois del mundo» (Jn 15, 19); «Nadie puede servir a dos señores [...]. No podéis servir a Dios y a las riquezas» (Mt 6, 24).

Y por último, en estas líneas encontramos una llamada a redescubrir nuestro legado, nuestra preciosa tradición, que hace que nos invada el deseo de trasmitirlo a las nuevas generaciones. Este aspecto me llena de alegría porque engancha con lo que he recibido desde niño de mis mayores y con lo que san Juan Pablo II constantemente repitió y alentó a los jóvenes durante su última visita a España: «España, siguiendo un pasado de valiente evangelización, ¡sé también hoy testigo de Jesucristo resucitado!». Y al hablar y dar gracias por los santos que iba a canonizar, nos decía el 4 de mayo del año 2003:

Os invito a pedir conmigo que en esta tierra sigan floreciendo nuevos santos [...], la fe cristiana y católica constituye la identidad del pueblo español. Conocer y profundizar en el pasado de un pueblo es afianzar y enriquecer su propia identidad. ¡No rompáis con vuestras raíces cristianas! Solo así seréis capaces de aportar al mundo y a Europa la riqueza cultural de vuestra historia [...]. Y con afecto os digo, como en la primera vez, ¡hasta siempre España! ¡Hasta siempre, tierra de María! [...] España evangelizada, España evangelizadora, ese es el camino. No descuidéis nunca esa misión que hizo noble a vuestro país en el pasado y es el reto intrépido para el futuro [...]. ¡Adiós, España!

Pido por el fruto de este libro, para que todos aquellos que lo lean se dejen encender por el amor de Cristo y, tomando como ejemplo lo que el Señor hace con Ani y su familia, puedan vivir con esperanza. Pido también para que de la lectura de estas líneas surja en muchos la necesidad de recuperar nuestras raíces cristianas y de evangelizar, con el fin de que pronto se pueda cumplir el deseo de Jesús: «He venido a prender fuego a la tierra, y ojalá estuviera ya ardiendo».

PADRE SANTIAGO ARELLANO LIBRADA, HNSSC
Párroco del Sagrado Corazón de Jesús de Talavera de la Reina
y director del Secretariado de Nueva Evangelización
en la Diócesis de Toledo.

Introducción

«El conocimiento de Jesús acaba con la soledad, vence la tristeza y la inseguridad, da un significado real a la existencia, frena las pasiones, exalta los ideales y proporciona luz en momentos decisivos. Y solamente Jesús puede daros la auténtica y verdadera alegría».

San Juan Pablo II

He querido escribir el testimonio de mi vida con la esperanza de que todo el que lo lea conozca a través de este relato el tesoro que hallé. Estoy segura de que no lo experimentarán como yo con tan solo unas pobres líneas, pero al menos pido al Señor que haga uso de las mismas para llegar a muchos corazones. Confío en ello, pues es el propósito de haberme lanzado a hacerlo.

Por pura gracia y misericordia suya quiso salir una vez más a mi encuentro. Estoy convencida de que no era la primera vez que lo hacía ni iba a ser la última. Me gustaría que todo el mundo descubriera el inmenso tesoro que es Cristo. Que entendiera, como me pasó a mí, que podemos llenar falsamente nuestra vida de mil maneras, pero que, al final, todo se desvanece y el corazón se siente vacío, porque está hecho para amar y servir a los demás y a Dios a través de ellos. Como decía san Agustín, «nos hiciste, Señor, para ti, y nuestro corazón está inquieto hasta que descansa en ti». Él es el único capaz de llenar nuestro corazón, de dar plenitud y sentido a nuestras vidas. Descubrí que solo entregándole mis heridas Él podría sanarme y recomponer mi corazón. Sí, Él puede reconstruirlo todo porque no hay nada imposible para Jesús, nuestro Salvador. Nunca me sentí tan libre como cuando decidí obedecer a Dios y vivir para hacer su voluntad y no la mía, para intentar agradarlo en todo. Qué libertad tan grande me da saberme hija amada suya. Porque nada aporta tanta libertad como abandonarse cual niño pequeño, torpe y desvalido, en los brazos de un padre que los extiende incesantemente para abrazarlo, siendo su apoyo y el amor que ni siquiera la muerte le podrá arrebatar.

Podré caer muchas veces, pero nunca perderé la esperanza, pues sé en quién he puesto mi confianza. Pido no dejarme nunca seducir ni engañar por las trampas que el mundo ponga ante mis ojos y ser fiel al Señor hasta el final. Abramos las puertas a Cristo, dejemos que Él rompa nuestras cadenas y nos haga libres mediante Su amor.

De las inmensas alegrías que me ha proporcionado el volver a Cristo, además de la mera relación personal con Él, una de ellas ha sido el haberme llevado a profundizar en mis raíces, donde me he encontrado con héroes y santos, como san Francisco de Borja, santa Teresa de Jesús y san Luis Gonzaga; personalidades con una imponente tradición de lucha en defensa de la fe y de los más vulnerables, lo cual ha avivado mi deseo de fidelidad a la Iglesia y de ayudar a los más pobres de cuerpo y de alma.

1
Primeros recuerdos

Nací un 7 de octubre de 1986, día de la Virgen del Rosario, tras permanecer mi madre en cama, rosario en mano, ocho meses sin moverse para poder traernos al mundo. Y digo «traernos» porque no vine sola, sino acompañada por mi hermana melliza, Casilda, mi fiel e inseparable compañera de vida y aventuras desde entonces hasta ahora. Mi madre era de Madrid, una chica de ciudad, muy guapa, de las que llaman la atención, rubia, de larga melena y ojos azules como el cielo. Una mujer muy simpática y buena, de aquellas con las que apetece pasar todo el tiempo que uno puede. Lo más importante en su vida era su familia, y tuvo desde pequeña —y gracias a su Lala, que se la inculcó desde la más tierna infancia— una fe muy sencilla y bonita. Alternaba su trabajo de economista en una empresa con su entrenamiento de tenis, pues era una deportista prometedora. Su otra gran afición era la fotografía y viajar, viajar por el mundo mientras lo documentaba todo con su cámara. Y entonces conoció a mi padre, un morenazo alto y fuerte, con un corazón intrépido y audaz. Había dado más de un quebradero de cabeza a mis abuelos y a algunos profesores, pues su especialidad era meterse en líos en el colegio, el cual aborrecía con todas sus fuerzas. Pero tenía un corazón tan grande que no le cabía en el pecho y una nobleza sin igual. Creció a caballo entre Madrid y el campo, donde se sentía verdaderamente feliz.

Mi padre era más de campo que los jabalíes, amante y gran defensor de la naturaleza y de los animales en todas sus variedades. Por ello, después de casarse con mi madre, y tras permanecer en Madrid hasta nuestro nacimiento algo más de un año después, consiguió convencer a mi madre para llevarnos a vivir al campo. Pero, antes de establecernos allí, mi madre buscó con esmero una mujer que le ayudase con nuestra crianza. Así apareció Jovita en nuestras vidas, una antigua monja dominica que tuvo que abandonar el convento donde estaba para cuidar a sus padres enfermos. Era asturiana, una mujer de armas tomar y carácter fuerte que, antes de llegar a nuestra casa, había recorrido media Italia cuidando niños. Nos llevaba de punta en blanco, vestidas con los más elegantes vestidos que ella misma tejía y bordaba —era una gran costurera—, sin importar que estuviésemos en medio del campo y nadie nos pudiera ver. Desde nuestra más tierna infancia se afanó en enseñarnos a rezar; cada noche se sentaba a los pies de nuestra cama y, a su vez, íbamos recitando las oraciones más importantes. La primera que nos enseñó fue el Padre Nuestro, después el Ave María y la oración al Ángel de la Guarda. También cantábamos con ella canciones a la Virgen; recuerdo que nos enseñó a cantar el Salve Regina, y yo memoricé las palabras tal cual las oía, sin saber su significado ni qué le estábamos diciendo a la Virgen.

Y es que en mi casa la reina era María y todos le teníamos una gran devoción, en especial mi padre. Nos bautizaron al poco de nacer, el Día de San Valentín, en la capilla de casa, la de Nuestra Señora de la Blanca del Castañar. A mí me pusieron Ana María, como mi madre, y a mi hermana, Casilda Carmen, por mi bisabuela paterna, que se llamaba Casilda, y Carmen porque mi madre era muy devota de la Virgen del Carmen. Tanta devoción le tenía que no levantábamos un palmo del suelo cuando nos llevó a que nos impusieran el escapulario al convento de Carmelitas que había en Cuerva, un pueblo muy cercano, y con cuya comunidad mi familia mantenía relación desde hacía generaciones. El mismo día de nuestro bautismo fuimos consagradas a la Santísima Virgen, y estoy segura de que ella ha sido desde entonces nuestra custodia.

Los primeros meses de nuestra vida en el campo, mientras se construía el que sería nuestro hogar, los pasamos en casa de mis abuelos, un palacio que se erigía rodeado de un bosque de pinos, encinas y plátanos, en cuyas copas descansaban las águilas imperiales a la caza de algún despistado conejo, con el canto inconfundible de las tortolitas y las torcaces de fondo, que todavía hoy al escucharlo me hace volar a mi infancia en aquel lugar, y en la noche se oía el rumor de los cárabos y los búhos, que salían en busca de ratones y lirones con que alimentarse.

El palacio estaba enmarcado por dos grandes jardines. El de la fachada principal era de estilo francés y se dividía en dos partes; cada una de ellas, presidida por unos angelitos que, abrazados, levantaban triunfantes una antorcha. Estaban integrados por setos en forma de laberinto perfectamente recortados y, en el centro, por diferentes tipos de flores. En la linde de este jardín con el bosque se encontraba, por un lado, una zona de columpios, que habían sido la diversión de varias generaciones, y, por otra, la piscina. El jardín de la fachada trasera era de estilo italiano, y en él se encontraban estanques, una fuente, una escalera de piedra con sus jarrones llenos de flores que daba bajada al estanque, césped —fresco y verde en verano y quemado por las heladas en invierno— y los bonitos rosales de mi abuela, de diferentes colores, que impregnaban el jardín en época de flor con un aroma único. Todos los jardines estaban acompañados de bancos de madera pintados en blanco o verde; sin embargo, el camino de entrada al palacio estaba bordeado por bancos de granito y protegido por dos grandes venados de piedra, uno a cada lado de la verja de hierro negra, dando la bienvenida a todo el que llegaba.

El palacio era un sueño para nosotros, pero más aún para todo el que no estuviera habituado a verlo diariamente. Fue construido entre 1904 y 1909 por el maestro Saldaña, que se inspiró en un palacio escocés para levantarlo. De piedra, en tres alturas, con amplísimos ventanales a lo largo de toda su fachada, eran características las contraventanas blancas, que hacían, con la piedra clara, una conjunción perfecta. La mitad inferior de la fachada del palacio estaba tomada por una densa y cuidada yedra que le daba un toque aún más romántico y que hacía las delicias de cientos de pajarillos que en ella instalaban sus nidos, los cuales buscábamos en primavera para deleitarnos observando a los polluelos. Los techos de pizarra oscura y las distintas alturas del tejado, con sus diferentes torres y balcones, lo hacían único. Tenía una enorme puerta principal acristalada con rejas de hierro que formaban bonitos dibujos, siempre custodiada por dos banderas de España, homenaje al país por el que tantos antepasados nuestros habían dado la vida.

Era fascinación pero también miedo lo que sentía en aquella finca; por un lado, porque mi abuela nos relataba terroríficas historias de un fantasma que estaba atrapado en la torre del palacio por el día, pero que por las noches campaba a sus anchas por este; por otro, a causa del peligro que suponía ante mis ojos de niña la jabalina que mi abuelo había rescatado en una montería de las fauces de los perros, siendo aún una cría. Flor, que así se llamaba, se crio a biberón dentro de la finca y creció entre los perros de mi abuelo, así que adoptó el comportamiento de estos. Venía de paseo con nosotros, se subía y dormía en los sofás como los demás perros y no se separaba de los pies de mi abuelo. Pero un buen día abandonó la casa para volver a la sierra que la vio nacer. No obstante, bajaba de tanto en tanto a hacernos una visita —a veces sola y otras acompañada de sus crías—, se bañaba en el estanque y husmeaba por el jardín. Hasta que una vez se topó con un tío mío que iba con su perro, y creo que el animal se incomodó y le pegó un bocado de aúpa en la pierna a mi tío, por el que tuvieron que coserle en el hospital. Desde ese día, los niños le cogimos pánico, y los adultos, mucho respeto. Cada vez que venía, se armaba una revolución: los adultos nos subían en alto y los perros de la familia se le echaban encima a Flor, aunque mi abuelo no permitía que le hicieran nada. En realidad, al único que respetó hasta el fin de sus días fue a él, su rescatador. Con el tiempo, desapareció; supongo que la cazarían en unas de las monterías que se daban en la sierra.

En el Castañar vivían, además de mis abuelos y nosotros, cerca de quince familias de trabajadores que llevaban, muchos de ellos, viviendo y trabajando aquí varias generaciones. Otros venían de los pueblos de al lado, y todos se reunían y hacían vida en un complejo de casitas que se agrupaban en torno a una iglesia. Cada mañana, un pequeño autobús iba recorriendo las fincas de los alrededores y recogiendo a los niños para llevarnos al colegio de Sonseca, el pueblo de al lado. Por las tardes nos traía de vuelta y salíamos a jugar todos juntos, correteando por el campo entre naturaleza y animales, bajo la más absoluta libertad. Algunos días, los amigos de otras zonas próximas venían en bicicleta a través del campo para unirse a nuestros pasatiempos. Cuando caía el sol, mi madre salía a la puerta y nos llamaba a voz en grito. Recuerdo que el eco arrastraba su voz y la hacía llegar hasta nosotras, que corríamos de vuelta al hogar. Eso, suponiendo que no estuviésemos ya en casa de mis abuelos, pues cada día, a las seis de la tarde, se tomaba el té en el palacio, pues era el punto de reunión familiar, donde nos juntábamos todos los que podíamos a merendar y charlar. En torno a la chimenea en invierno y en las preciosas terrazas en verano, escuchábamos con atención a mi abuelo relatar y compartir historias pasadas de la familia.

Mi abuelo Pepe era un hombre alto, guapo, elegante y de semblante amable. Muy social y extrovertido también. Se llevaba bien con todo el mundo; era de esas personas que se hacían querer. Sus pasiones se reducían a mi abuela, su familia, los perros, la caza y la lectura. Cercano y cariñoso, siempre lo veías con alguno de nosotros en sus rodillas; se desvivía por consentirnos dándonos caramelos y chocolates. A mi abuelo le encantaba la historia, era una enciclopedia andante, y se sabía nuestra historia familiar desde varias generaciones atrás al pie de la letra. Hablaba a menudo de nuestro antepasado san Francisco de Borja, nombre que mi padre llevaba en su honor. También en nuestro árbol genealógico emparentábamos por unas ramas y por otras con san Luis Gonzaga y con santa Teresa de Jesús, si bien nuestro antepasado más directo era san Francisco de Borja.

En aquel tiempo yo no era consciente del regalo tan inmenso e inmerecido que nos había hecho Dios concediéndonos estos santos protectores que seguramente velarían de forma especial por nosotros. Y más adelante, cuando empecé a apreciar este don, me sentí muy pequeña y fui descubriendo esas alturas inalcanzables. Yo atendía embobada a las historias de estos santos y soñaba en silencio con poder imitar sus hazañas algún día. También nos hablaba a menudo de los años de la guerra, en que nuestros bisabuelos habían luchado por su patria y por Dios.

Emocionados, mis antepasados rememoraban infinidad de anécdotas contadas de unas generaciones a otras en los salones de este mismo palacio. Se me quedaron especialmente grabadas en la memoria dos historias siempre narradas por mi abuela. En la primera contaba compungida que, siendo muy pequeña, la sacaron a la calle junto con su madre y sus hermanos para tirar piedras y escupir a un Cristo que sacaban con sorna en procesión. Un pobre sacerdote salió a reprender aquel acto y le pegaron un tiro, cayendo este muerto a los pies de mi abuela, que no contaría con más de cinco años. También me emocionaba escuchar la historia de mi bisabuelo, que, en la guerra, tras sufrir el horror de contemplar cómo mataban a su hermano en su presencia, se guardó su corbata para entregársela a su madre. Pero más adelante, y tras encontrar

23

a un general enemigo desangrándose, le hizo un torniquete con esta y le salvó la vida. Tiempo después, sitiado mi bisabuelo por las tropas enemigas, siendo él ya el único con vida dentro del cuartel, fue salvado y asistido de sus heridas por este general, quien, en agradecimiento, lo ocultó y mantuvo con vida hasta que hubo pasado el peligro.

Mis bisabuelos, que aún vivían, contaban con un buen amigo sacerdote, el padre Rizo, que los acompañaba allá donde iban y era muy respetado y querido en la familia. Las viviendas de mis abuelos solían tener una capilla donde se celebraba la misa y donde se retiraban a rezar. Tengo un recuerdo especial de su casa de verano en Murcia. Se trataba de un caserón muy antiguo con un inmenso jardín, rodeado de tierras de cultivo por doquier. De color blanco y ocre, el edificio se erguía en las secas tierras murcianas cercanas a la costa del mar Menor. Era de esas casas vividas, llenas de historias pasadas, de secretos, de intrigas, y por ello ocurrían en su interior hechos inexplicables que a más de uno —y a la que escribe— puso en más de una ocasión los pelos de punta. Fueron muchos los que, después de burlarse de las advertencias de los caseros acerca de las experiencias que podían vivir al adentrarse en ella, salieron luego corriendo sin mirar atrás, aunque dice mi padre que los que sufrían especialmente dichos acontecimientos eran los miembros que no formaban parte de la familia.

A Casilda y a mí nos encantaba recorrer los interminables y oscuros pasillos repletos de recovecos y dormitorios que daban entrada unos a otros, así como descubrir en cada rincón y en cada cajón recuerdos del pasado. Un día, llegamos a un cuarto donde había un piano y mi hermana se puso alegremente a tocarlo cuando, de pronto, escuchamos detrás de nosotras al guardés, que nos regañaba diciéndole que no tocase, que penaban. Un escalofrío nos recorrió por todo el cuerpo.

Otra noche, cuando volvíamos de cenar en la playa, llegó mi madre a su cuarto y el antiguo, pesado y gran cerrojo de la puerta se había cerrado por dentro inexplicablemente. Hubo que subir por la ventana desde el jardín con una escalera y romper el cristal para entrar. Dice mi padre que el padre Rizo hizo en varias ocasiones oraciones con agua bendita en la casa, pero yo no lo presencié. Fuera como fuere, si bien es verdad que por las noches me moría de miedo, me encantaba ir allí. En Riquelme, que así se llamaba la finca, había una capilla preciosa en la que se veneraba el busto de un Cristo que mostraba una cara de dolor que a mí me conmovía y que, durante la guerra, habían profanado y le habían partido la nariz y parte de la cabeza a hachazos. El guardés de la casa lo consiguió esconder, enterrándolo en el suelo del jardín, hasta pasado el peligro. Cuando la finca se vendió, este precioso Cristo doliente pasó a presidir, junto a la Virgen de Lourdes, la capilla que tienen mis padres en su casa.

Son tantas las historias que de niña les he escuchado a mis abuelos que nunca terminaría de relatarlas. Cada fin de semana venían la mayoría de mis tíos desde Madrid y nos reuníamos dieciséis primos, más o menos, de la misma edad. Qué felicidad más grande me producía ese reencuentro. Recuerdo con mucho cariño cada una de las festividades en las que nos juntábamos todos, como en la de San José, que mis abuelos organizaban con tanta ilusión y que celebrábamos por todo lo alto, por ser el santo de mi abuelo, tío y primo, además del Día del Padre.

Mientras los adultos tomaban el aperitivo en la terraza del palacio, los niños jugábamos por los jardines. Luego nos sentábamos todos en la larga mesa del comedor. Según el título, el sexo y la edad, los que ostentaban un rango más importante o tenían más edad ocupaban los asientos al lado de mis abuelos, que presidían la mesa. Un enorme jarrón de flores se interponía entre ambos —esto es algo que nunca conseguimos entender—, por lo que era imposible para mis abuelos mantener una conversación o incluso verse las caras. Los niños nos sentábamos —una vez habíamos adquirido los modales pertinentes— en los extremos de la mesa, y había una verdadera batalla por el sitio, por no tener a ningún mayor sentado al lado que pudiese controlar lo que comíamos o regañarnos si no lo hacíamos correctamente. Tras la comida, salíamos todos al jardín a hacernos la foto familiar anual, la cual cada año mis abuelos mandaban revelar para exponerla sobre una mesa en el *hall* del palacio.

Mi abuela Linette era muy especial, diría que única e irrepetible. Una mujer muy guapa, morena, de esas que hacían suspirar a toda una generación. Lo mismo que tenía de guapa lo tenía de inteligente, y poseía, a la vez, un carácter de armas tomar. Cuando nació su primer nieto, se negó a que la llamase «abuela» y aprovechó un balbuceo al azar de mi primo para pasar a autodenominarse Tatie, que sonaba «Tatí», y así nos hizo nombrarla a todos los nietos que llegamos a la familia en adelante. Lo mismo ocurrió con mi abuelo, quien decidió que lo llamaríamos Pepe, y así fue.

Y es que mi abuela era la matriarca de la familia. Ella hacía y deshacía, y dirigía la casa y a la familia. Parecía sacada de una película romántica de otros tiempos. Le encantaba leer novelas de amor que luego puntuaba del 0 al 10 y coleccionaba en sus librerías. Era extremadamente divertida y sus ocurrencias no tenían límites, soltaba todo lo que se le pasaba por la cabeza. Le encantaba viajar y siempre andaba descubriendo sitios nuevos en los que comprar casas para ir después en vacaciones. Solía decir que prefería los climas cálidos con mucho sol y que sus lugares favoritos eran el mar y la playa —quizás lo del mar le venía por su sangre asturiana—. Otra de sus pasiones eran los perros, siempre andaba con sus perros echados sobre sus faldas. En general, le gustaban mucho los animales; por ello, y pese a que mi familia era muy aficionada a la caza y a las corridas de toros, mi abuela prohibió que se hablara de esos dos temas en su presencia.

Asimismo, era muy estricta con nuestros modales, en especial en la mesa y para con los mayores, y nosotros la respetábamos y temíamos a partes iguales. En el palacio, su casa, había a menudo invitados de la realeza europea y española, y mi abuela se ponía nerviosísima por el comportamiento de sus nietos; por ello se empeñó en instruirnos sobre cómo se hacía la reverencia para saludar y cómo nos debíamos dirigir a ellos, siempre de «usted» y en tercera persona. Nosotros nos poníamos más nerviosos aún cuando recibíamos estas visitas. Un día, después de haber estado practicando todos los primos durante una mañana entera e intercambiando la vergüenza que nos producía reverenciarnos, llegó el momento de dar la bienvenida a los invitados. Pero mi hermana se hizo un absoluto lío, ya que había tantas personas que no supo identificar quién era quién, y decidió hacer la reverencia a todos, sin miedo a equivocarse. Y así fue, se inclinó incluso frente a los guardaespaldas.

Cada mañana mi abuela se enfundaba en un modelo de gimnasia ochentero y, con la música a todo volumen y la compañía de Cindy Crawford instruyendo sus pasos desde la televisión, hacía su hora diaria de ejercicio que luego completaba con su paseo matutino. Esta rutina la sigue practicando a día de hoy, solo que Cindy ha pasado a la historia porque mi abuela ya se sabe los ejercicios de memoria.

Muchas mañanas nos llevaba a todos al gallinero del palacio a coger huevos, e ir allí suponía presenciar un auténtico espectáculo. El corral era enorme, y en él había gallinas con sus polluelos, algunos pavos y hasta ocas en una ocasión. Coger los huevos suponía una hazaña de alto riesgo, pues había que meter la mano bajo esas gallinas que lanzaban unos picotazos tremendos. Yo alucinaba con mi abuela, que metía tan tranquila la mano sin inmutarse, aunque recibiera (esto lo presencié más de una vez) las punzadas de las aves hasta provocarle sangre. Los pavos eran todavía más peligrosos que las gallinas, y no hablemos de las ocas, las cuales, según te veían aparecer, alargaban su cuello, entreabrían el pico y, emitiendo una especie de silbido, venían como flechas a por ti. Una vez, a uno de mis primos que estaba muy pesado y portándose francamente mal lo encerró mi abuela durante unos minutos con los pavos y se le quitaron las ganas de dar la lata. Y también a los que observamos la escena.

Salíamos pronto por la mañana y nos perdíamos por el campo en nuestras bicicletas, en las que íbamos subidos de dos en dos, e incluso de tres en tres, pues los mayores llevaban a los más pequeños. Era excursión obligatoria ir a bañarnos al arroyo, fuera invierno o verano. Lo recorríamos durante cientos de metros, con el agua por la cintura unas veces, otras por el tobillo y otras nadando. Los más pequeños nos seguían a duras penas, pues lo divertido era pasar tiempo juntos, jugando. Allí donde se dirigían unos, los demás iban detrás. Recuerdo que en invierno el agua estaba tan fría que hacía sentir que te cortaba la piel; sin embargo, en primavera y otoño la temperatura era una delicia. Nos encantaba bucear por debajo de unas grandes rocas que tenían un orificio de entrada y otro de salida bajo el agua, pero cuyo conducto era muy estrecho. Hoy, solo de pensarlo, me entran escalofríos; no entiendo cómo no nos quedamos ninguno allí abajo atascado. Lo cierto es que en el palacio teníamos piscina para darnos un chapuzón, pero la idea de adentrarnos en el arroyo, entre ranas, galápagos y culebrillas, nos parecía toda una aventura, además de un pasatiempo mucho más divertido.

Otra salida de obligado cumplimiento era visitar a los corderitos y trepar por las altísimas torres de alpacas que se almacenaban en la parte exterior del redil. A veces, convencíamos al pastor para que nos subiera y bajara de ellas con la pala del tractor. También solíamos jugar con los montones de sacos de grano que se acumulaban en el exterior del granero, donde hacíamos trincheras y agujeros en lo alto de ellas, y nos ocultábamos con un armamento de bolas de ciprés que lanzábamos sin piedad a todo el que por ahí pasara. A las doce y media en punto, la campana del palacio sonaba estrepitosamente desde la lejanía y entonces sabíamos que había llegado la hora del aperitivo y la posterior comida. Salíamos corriendo sin mirar atrás, ya que, si no estábamos a la una sentados en la mesa, mi abuela nos mandaba castigados a la cocina. En varias ocasiones llegamos tarde, pero tengo que decir que más de una vez nos perdonó el castigo.

La mesa del palacio era larguísima, para más de veinte personas. Nada más sentarnos, mi abuela se santiguaba y daba gracias, pues la muerte por hambre de una hermana pequeña durante la guerra creo que le hizo valorar especialmente el tener lo que ahora tenía. Como ya comenté anteriormente, compartíamos la mesa con los mayores cuando adquiríamos suficientes modales y podíamos seguir el ritmo de los adultos, pues mi abuela no tenía paciencia para esperarnos si nos retrasábamos con la comida, aunque nunca nos libramos de buenas reprimendas y correcciones hasta bien crecidos. Era un premio y un orgullo pasar al comedor de los mayores, donde podíamos escuchar con atención y sin interrumpir las infinitas charlas de los adultos, que, en la mayoría de las ocasiones, se producían en francés, idioma con el que mi abuela se comunicaba con sus hijos. En el comedor contiguo comían los primos pequeños atendidos por las niñeras.

Después de comer, volvíamos a perdernos por el campo, huyendo de la gente mayor que considerábamos que solo podían quitarnos libertad. Solíamos hacer una visita diaria a los corrales de los cerdos ibéricos, que eran enormes, y allí jugábamos a subirnos sobre sus lomos, imitando los rodeos americanos de caballos y bueyes que veíamos en la televisión. Otro de nuestros entretenimientos más comunes tenía que ver con los coches. Mi padre nos enseñó desde bien pequeñas a conducir; nos subía sobre sus rodillas y simplemente nos ocupábamos de mover el volante. Cuando nos llegaron las piernas a los pedales, pasamos a coger el Renault 4 de mi madre y mi padre se sentaba de copiloto, nos ponía al volante con un par de almohadones debajo y con paciencia nos iba enseñando mientras paseábamos por el campo. Cuando aprendimos a llevar el coche solas, siendo aún unas niñas, lo cogíamos con mis primos y hacíamos excursiones. Recuerdo que una vez inventamos un nuevo juego que nos pareció apasionante. Consistía en subir y bajar del coche en marcha, cosa que habíamos visto en una película de acción. Un día, una de mis primas pequeñas pegó un traspié mientras intentaba subir y calló al suelo, con tan buena suerte que la rueda del coche, en lugar de pasarle por encima, solo le dio un fuerte golpe en la cadera. El susto y los llantos de mi prima fueron monumentales, y ese accidente supuso el fin de nuestro juego. Desde luego, les dimos mucho trabajo a nuestros ángeles de la guarda, que con nosotros no tenían ni un respiro. A las seis de la tarde sabíamos que había que volver al palacio para la hora del té, donde nos reuníamos toda la familia en el salón en torno a mis abuelos para merendar. Mientras los mayores hablaban, nosotros nos perdíamos por los tres pisos que tenía la casa y aprovechábamos sus dimensiones para jugar al escondite y a las tinieblas en la oscuridad del piso inferior. A las ocho en punto se servía la cena y toda la familia volvía a reunirse en torno a la mesa. Mi hermana y yo nos íbamos a casa para los baños y para cenar con mis padres, pero, en cuanto acabábamos, volvíamos a encontrarnos con mis primos en los jardines del palacio y aprovechábamos la oscuridad de la noche para contar historias de miedo, dar paseos a la luz de la luna y las estrellas y jugar al escondite en el laberinto del jardín delantero.

Cada domingo nos juntábamos en la capilla de Nuestra Señora de la Blanca, que se levantó a unos pocos metros del palacio desde mucho antes de que este se construyese. De ladrillo anaranjado y piedra de granito, cuenta con un campanario que los domingos hacía sonar la campana para llamar a la misa. Es una nave uniforme de bancos de madera oscura, recorrida a cada lado por cristaleras abovedadas y policromadas con las imágenes de los santos apóstoles Juan, Pedro y Pablo, el Inmaculado Corazón de María y el Sagrado Corazón de Jesús. Esta iglesia destaca por su gótico retablo y, en el centro de este, áureo y florido, se halla el palco destinado a la gloriosa imagen de nuestra Madre. Junto a la

Virgen, cuatro santos presiden el lugar, san Luis Bertrán, san Guillermo de Antioquía, san Rafael y san Ramón Nonato, así como una pequeña cruz sobre el sagrario.

En esta iglesia venerábamos a nuestra Virgen, la de la Blanca del Castañar, a la que tantos antepasados nuestros habían adorado antes que nosotros. Se alza sobre un pilar con los escudos de Castilla y Aragón, y con semblante alegre y lleno de ternura sostiene en sus brazos al Niño Jesús, ambos coronados, que porta en sus manos un aguilucho que parece querer mostrar al mundo. A esta Virgen se le rinde culto desde el siglo xiv, y a sus pies, en el Castañar, se habían postrado desde la emperatriz Isabel, esposa de Carlos V, quien donó la peana de plata que la sostenía, hasta el cardenal Cisneros, que sufrió lo indecible cuando tuvo que abandonar su vida de contemplación en estas sierras, a los pies de esta buena Madre. Y es que al Castañar vinieron a cazar y a reunirse personalidades importantes de todas las épocas y, cómo no, a rezar a su Virgen, como hizo Isabel la Católica. Por toda esta tradición familiar, el primer regalo que adquiríamos cada nieto al nacer por parte de mis abuelos era una medalla de oro con la Virgen de la Blanca. En esta capilla recibíamos el bautismo, hacíamos la primera comunión, la confirmación y nos casábamos desde hacía muchas generaciones.

Pues bien, a las diez y media llegaba el sacerdote a la capilla para dar la misa, y ahí estábamos ya todos esperándolo, tanto la familia como los trabajadores, quienes acudían con sus respectivas familias. Mi hermana y yo íbamos de punta en blanco, con nuestros vestidos, nuestros zapatitos ingleses, y éramos el hazmerreír de mis primos, ya que acabábamos con las piernas llenas de arañazos y heridas por llevarlas al descubierto por el campo.

El atuendo resultaba verdaderamente incómodo, todo sea dicho, y nos quejábamos sin parar, pero mi madre no abandonó esa costumbre hasta que entramos en la adolescencia. Los niños servían de monaguillos y las niñas salían a leer. Y al terminar la misa, los que iban a hacer pronto la comunión o la confirmación se quedaban en la iglesia para recibir la catequesis. Tengo grabada la imagen de mi abuela sentada, siguiendo la eucaristía con un librito negro escrito en francés que estaba lleno de estampitas dentro. Muchas de ellas eran recordatorios de familiares y amigos que ya no estaban con nosotros, con su foto, como la del padre de mi abuela. Cada vez que abría su librito besaba su retrato y rezaba una oración, y, si estábamos a su lado, nos animaba a imitarla. Puede que este librito fuera una Biblia, pero aún hoy no lo puedo asegurar. Solía dejarlo en el banco, a su lado, y entonces, cuando se descuidaba, nos encantaba cogerlo y husmearlo. Recuerdo que a veces intentábamos escaquearnos de la misa y recibíamos una buena regañina por ello; todavía puedo oír las palabras de mi padre repitiendo una y otra vez que lo más importante en la vida eran Dios y la religión.

Los fines de semana de temporada de caza, de septiembre a febrero, había en el Castañar y en otras fincas cercanas monterías y cacerías, aunque en mi familia las mujeres no cazaban, ya que a mi abuela no le gustaba, por lo que esta afición se reservaba a los hombres. Mi padre, que no tuvo hijos varones, nos inculcó desde la más tierna infancia a mi hermana Casilda y a mí el gusto por la caza. De esta manera, ya con cuatro añitos nos llevaba al puesto, una se colocaba con mi padre y la otra con mi madre, a la que mi padre también introdujo en este mundo. Todo comenzaba con un buen desayuno de migas, en el que nos juntábamos todos los cazadores, muchos con sus hijos, con quienes jugábamos mi hermana y yo. Después del desayuno se sorteaban los puestos y rezábamos una salve a la Virgen. Al terminar, gritábamos al unísono «Viva la Virgen de la Blanca». Luego, cada uno se iba al monte y se colocaba en su puesto, a la espera de que apareciera algún animal.

Recuerdo que, al principio, lo de quedarnos en el puesto se me hacía eterno. Teníamos que estar casi cuatro horas quietas y en silencio para no espantar a las reses y los jabalíes que hubiera alrededor. Yo, gran amante de los perros desde que tengo uso de razón, me entretenía jugando con ellos y achuchándolos. Y es que en mi familia había más perros que personas, eran unos más entre nosotros y nos acompañaban a las monterías.

Una vez, mi gran amor por los perros me jugó una mala pasada. Siendo muy pequeña, en una ocasión en que mi madre se fue de viaje a Medjugorje, en Bosnia-Herzegovina, donde desde hacía pocos años se decía que se aparecía la Virgen, me puse muy enferma. Empecé con unas fiebres altísimas que no eran capaces de bajarme. Un día perdí la movilidad de las piernas y dejé de andar. Mi estado era lamentable y mi padre no quiso decirle nada a mi madre para no preocuparla. Me llevaron a Madrid y me vieron diferentes médicos hasta que descubrieron que tenía varias picaduras de garrapata en la pierna. El parásito en cuestión me había contagiado una enfermedad que, además de paralizarme las piernas, me había atacado especialmente a las plaquetas; tardé muchos años en recuperarme. Os podréis imaginar el susto de mi madre cuando llegó de su viaje tan feliz y me encontró en ese estado.

Siguiendo con nuestras experiencias de caza, a veces, en lugar de irnos al puesto, mis padres se metían a montear con

34

las rehalas, los perros encargados de sacar las reses del monte, y nos llevaban con ellos siempre. Eran tales las caminatas por el monte que obviamente no aguantábamos y siempre acabábamos por turnos subidas a espaldas de mi padre. Cuando había peligro, como cuando los perros interceptaban a un jabalí, mi padre nos subía rápidamente en lo alto de una encina y allí nos dejaba para irse al agarre. Esperábamos pacientemente a que volviese a por nosotras, pero yo pasaba un miedo horrible, fantaseando con la posibilidad de que el guarro corriese hacia donde estábamos nosotras y pudiese trepar por el árbol.

Mis primos varones, mi tío y mi abuelo iban de caza también, y muchas veces mi padre permitía que nos acompañasen mis primas, con lo que se nos hacía el día mucho más ameno. Muchos fines de semana nos íbamos a pasarlos a otras fincas de mis abuelos, y recuerdo la vuelta los domingos, dormidos en el coche, en el asiento de atrás, entre los perros, petates y primos, todos apretados, pues en aquella época no usábamos cinturón de seguridad. Con el paso de los años cogí verdadera afición a las monterías y no concebía perderme una. Intentaba portarme lo mejor que pudiese para que mi padre, al que admiraba por encima de todo, se sintiese orgulloso de mí.

Durante la semana, el Castañar se quedaba vacío sin mis primos, que volvían a sus casas en Madrid. Cuando se marchaban los domingos, me daba una pena tremenda y empezaba a contar los días para volverlos a ver al siguiente viernes. Aunque no era tan dramática la cosa, porque me quedaba con mi hermana melliza y compañera de trastadas. Casilda era, en ese momento de nuestra primera infancia, un torbellino, llevaba la voz cantante y maquinaba todo tipo de travesuras, y yo la seguía sin rechistar. Podemos decir que era la que mandaba. En cambio, yo era muy tranquila y callada, muy tímida, cautelosa ante las locurillas que se le ocurrían a mi hermana.

Cuenta mi madre que, cuando nos metían en las cunas a la hora de la siesta y por la noche, tan pronto como cerraban la puerta, mi hermana trepaba por los barrotes y se dedicaba a hacer todo tipo de acrobacias que yo nunca podía imitar. Me limitaba a observarla desde abajo, ensimismada. Y cuando creció, su afición por escalar en la cuna fue reemplazada por la de subirse a los árboles como un mono: árbol que veía, árbol al que trepaba. Un día, en una de las monterías, se subió a un árbol altísimo y yo la seguí decidida, sin caer en la cuenta de que debajo había un amasijo de hierros. Mi hermana quiso subir más y más arriba, y claro, cuanto más alto, más finas eran las ramas. Y así pasó que una de estas cedió y mi hermana cayó desde lo alto, clavándose uno de los hierros en la pierna. Imaginaos el revuelo entre los adultos y mi cara de estupefacción. Por suerte, había un médico entre los asistentes que le hizo las primeras curas y de allí fue directa al hospital para suturarle esa herida, que le dejaría una importante marca en el muslo de por vida.

Como iba diciendo, la vida entre semana era tranquila y rutinaria. Mis padres tardaron mucho en escolarizarnos porque encontraban mucho más sano y educativo que anduviésemos correteando por la naturaleza. Por las mañanas, al despertarnos, íbamos a darle los buenos días a mi madre —mi padre normalmente a esa hora ya se había ido a trabajar a Toledo—, y recuerdo encontrarla siempre en su cama, leyendo libros religiosos o recitando sus oraciones matutinas frente a un pequeño altar que tenía en su dormitorio. Yo iba directa a por un libro enorme, con fotos y letra llamativa, en el que se describía el santo de cada día y le pedía a mi madre que me lo leyese. Me fascinaba la vida de los santos y me encantaba ver sus retratos. Recuerdo que se quedaron especialmente grabadas en mi memoria las biografías de san Francisco de Asís, gran amante de los animales y la naturaleza, como yo, y la de santa Rita de Casia, cuya actitud frente a su desgraciada vida me parecía heroica y difícil de entender. Cuando aprendí a leer, las tornas se cambiaron, ya que entonces empecé a ser yo la que le leía el santo de cada día a mi madre. También solíamos abrir un cuadernillo muy especial, con un bonito lazo que hacía de cierre y que mi madre nos había comprado para ir guardando en él las distintas estampitas que nos iba regalando.

Cada mañana salíamos de paseo y algunos días íbamos a los patios, donde se juntaban las casas de los trabajadores, y jugábamos con los niños que estuvieran por allí. Otras veces íbamos por el campo a coger flores para la Virgen y nos encantaba que nos llevasen a la Cruz de Piedra, una cruz en medio del monte, pegada a un arroyo, enorme y de granito, erguida sobre una gran piedra, que antiguamente habían ido a visitar y venerar romerías de los pueblos de alrededor. Por las tardes, cuando mi padre volvía del trabajo, aprovechaba para hacer planes con nosotras. Nos subía en el coche e íbamos a pasear por el monte, donde nos iba presentando la fauna y la flora que en él vivían, y nos enseñaba a reconocer y diferenciar sus características. Nos decía sus nombres en castellano y después en latín. Muchas veces, mientras paseábamos, aprendíamos con él a identificar las distintas huellas de los animales, así como el canto de cada pájaro. También nos hacía exámenes sobre seres vivos: él nos mostraba un animal o una planta y teníamos que decirle cómo se llamaban. Nos inculcó su pasión y respeto por la naturaleza, siempre apostando y colaborando con proyectos para aumentar la población de especies en peligro de extinción, como el águila imperial o el buitre negro.

Mi padre era una enciclopedia andante. Nos encantaba cuando nos subía a lo alto de la sierra y trepábamos por los riscos como verdaderas cabras montesas. Una vez, siendo yo muy pequeña, me dispuse a trepar a lo alto de un risco muy empinado y, cuando estaba llegando arriba, descubrí un nido de búho con polluelos entre las rocas. Estos empezaron a revolotear, espantados de mi presencia, y a estamparse contra mi cara, y tal fue mi respingo que me eché hacia atrás y bajé rodando. ¡Qué susto me llevé y qué susto se llevó mi padre! Afortunadamente, no sufrí más que algún que otro cardenal.

En alguna de estas ocasiones, especialmente en época de berrea, aprovechábamos la subida para quedarnos a pasar la noche en sacos de dormir en lo alto de los riscos y escuchar a los venados emitir sus característicos bramidos. Esas noches mi madre nos enseñaba las estrellas y las distintas constelaciones. Determinadas tardes, en época seca, íbamos al arroyo a rescatar renacuajos o galápagos que resistían en pequeños charcos la sequía y los echábamos a los estanques. Era muy divertido corretear cubo en mano por el agua detrás de ellos. Y otro plan habitual consistía en ir a ver la ganadería de toros bravos que pastaban en las dehesas de encinas centenarias. En las celebraciones familiares, como en primeras comuniones, se organizaba un tentadero y los primos subíamos a la plaza de toros y a los corrales y correteábamos por allí, para desesperación de los adultos, que sufrían por nuestra integridad física. Todavía hoy me sorprende no haber caído nunca dentro de uno, pues entonces no había protección y éramos temerarios. Varios primos míos soñaban en aquel tiempo con ser toreros y bajaban a torear vaquillas. Cuando llegaba la hora de irse a la cama, mi padre decidía, para desesperación de mi madre, empezar los juegos con nosotras. Siempre jugábamos a lo mismo, porque era lo que más nos divertía: él se hacía pasar por un monstruo ciego y nos perseguía por la casa con los ojos cerrados. Nosotras nos hacíamos llamar las «enanas forzudas» y en las peleas contra el monstruo siempre acabábamos ganando. También solía enseñarnos a boxear, nos instruía en cómo defendernos y a encontrar los puntos débiles del cuerpo. Mi madre oía el tumulto que formábamos y a nosotras reír a carcajadas, y gritaba: «Rafa, por favor, no alborotes a las niñas justo antes de dormir». Pero de nada le servía. A mi madre le llevaba un buen rato conseguir meternos en la cama, y, cuando lo lograba, rezábamos, nos daba un beso y nos mandaba a dormir. Pero, según mi madre salía del cuarto, mi hermana y yo nos metíamos debajo de nuestras camas y jugábamos a que éramos submarinistas. Imaginación y energía no nos faltaban, desde luego.

Recuerdo de esos primeros años de infancia la preparación y la celebración de la festividad de los Reyes Magos en el Castañar con emoción y un cariño enorme. Mis abuelos nos subían a lo alto de la sierra a recoger musgo fresco y también recopilábamos piñas por los jardines de la casa. Con ellos montábamos el Belén. La noche de Reyes nos reuníamos y cenábamos juntos en el gran comedor, y los primos dejábamos nuestros zapatos en el salón de baile del palacio, por orden de edad, junto con comida y bebida para los camellos y para Sus Majestades de Oriente. Era impresionante entrar a la mañana siguiente en ese salón repleto de regalos.

Muchas veces me han preguntado por mi infancia en el campo, y siempre contesto lo mismo: creo no podría haber tenido una niñez más familiar, más sana y más feliz. La religión era una parte más de mi día a día. Iba a la iglesia a ver a Jesús y a María con la misma normalidad con la que iba a visitar a mis abuelos, y los quería porque, si mis padres y abuelos, que eran las personas más importantes para mí y mi ejemplo a seguir, les conferían ese amor y esa confianza, me decía yo, debían ser verdaderamente buenos. Sí, queriéndolos me sentía segura, pues sabía que ellos cuidaban y protegían a nuestra familia.

2
Entrada del dolor

Fuimos creciendo y llegó el momento de empezar el colegio, ya no se podía posponer más, pues bastante tarde lo estábamos comenzando. Nuestra entrada en él no fue lo que se puede decir idílica, nos costó la misma vida adaptarnos al encierro de cuatro paredes, y es que pasar con seis años de la libertad de corretear por el campo, con la única preocupación de admirarlo y sorprendernos con todo, a enclaustrarnos en una clase, en silencio, quietas y prestando atención al profesor, no fue fácil en absoluto.

Nuestra llegada al colegio el primer día es digna de ser recordada. Como he dicho anteriormente, mi hermana Casilda y yo somos mellizas. Habíamos compartido desde el seno materno cada minuto de nuestra corta vida. Éramos inseparables; la una, la sombra de la otra. Bastaba una mirada para entender lo que queríamos transmitirnos. Nos peleábamos mucho, sí, pero al instante éramos otra vez inseparables.

La tolerancia que compartimos la una con la otra no la tenemos con nadie más, y esto es algo que siempre ha impresionado y admirado a mis padres y a los que nos rodean. Puedo afirmar que es ella quien mejor conoce mi alma y yo la suya, una cualidad que únicamente unos hermanos mellizos o gemelos pueden llegar a entender.

Pues bien, nada más llegar al colegio —nerviosas y tímidas, porque éramos muy vergonzosas y esquivas—, formamos fila junto al resto de nuestros nuevos compañeros, ante la atenta mirada de mis padres. Y estando ahí esperando, un niño empezó a molestarme, y ahí que se fue mi hermana directa a por él y se engancharon los dos. Sí, fue una entrada triunfal. Mis padres siempre lo recuerdan con simpatía, y yo tenía que contároslo por dos motivos. El primero, porque representa la personalidad de mi hermana, quien ya desde pequeñita velaba por mí, me defendía siempre y andaba preocupada por su hermana menor —aunque solo por cinco minutos—, que era mucho más desastre que ella y se metía con facilidad en problemas. Y segundo, porque da una idea de todas las veces que tuvieron que acudir mis padres a tutoría para escuchar que sus hijas estaban asalvajadas, que no prestaban atención o que eran demasiado inquietas. Pero, eso sí, tengo que recalcarlo, todos los profesores nos quisieron siempre mucho, porque mis padres nos inculcaron desde pequeñas a conciencia el respeto a los mayores y, aunque nuestros compañeros tuteasen a los profesores, nosotras los tratábamos de usted y éramos muy educadas y respetuosas con ellos.

Mis padres también nos inculcaron que había que defender a los más débiles. Yo, que siempre fui muy observadora y sensible, lo analizaba todo a mi alrededor y me di cuenta de que en los recreos había algunos niños solitarios. De modo que, a la salida del colegio, le pregunté a mi padre una vez por qué había compañeros que estaban solos y no tenían amigos. Mi padre me explicó que estos eran niños más retraídos, a los que les costaba más entablar amistad con los demás y tendían a que se metieran con ellos por considerarlos diferentes. Luego, hizo especial hincapié en que, en tales casos, yo debía acercarme a ellos y arroparlos, y no permitir nunca que nadie se riese o hiciese daño a ningún niño en mi presencia. Mi padre nos metió a conciencia aquella idea y yo intenté siempre cumplir su consejo, aunque evidentemente debí fallar a muchos. Este es un ejemplo del buen hacer de mi padre sobre nosotras. Siempre ha sido un gran hombre, lleno de ideales, sencillo, humilde, dispuesto a ayudar al que lo necesita; una persona noble y justa que nos ha brindado los mejores consejos. Afortunadamente, ha sido mucho lo que he recibido de él.

Y así iba transcurriendo nuestra infancia tranquila y feliz, hasta que un buen día todo empezó a cambiar. Tengo recuerdos borrosos y escasos de aquella época, creo que se debe a que los borré de mi mente, pero sí recuerdo a la perfección el sentimiento de soledad, de tristeza y de vacío que nos acompañó desde ese momento y a lo largo de toda nuestra infancia y adolescencia. Voy a contarlo tal y como lo recuerdo desde mis ojos de niña. Teníamos unos siete años y ya estábamos preparándonos para hacer nuestra primera comunión. Cada domingo, al terminar la misa, nos quedábamos con don Domingo a recibir la catequesis.

Dos hechos marcaron esa etapa triste de nuestra niñez. Por un lado, Jovita dejó nuestra casa y nuestro cuidado para volver a su hogar en Gijón. Esto supuso un duro golpe para nosotras, ya que era una parte muy importante de nuestra vida, la queríamos como a una segunda madre y ella nos quería a nosotras como si fuéramos sus hijas. Nos cuidaba con empeño y nos consentía y mimaba sin desatender nunca nuestra educación y nuestros modales. Con ella éramos muy felices. Más tarde, me enteré de que su fuerte carácter hacía casi imposible la convivencia en casa, pero para nosotras eso siempre pasó desapercibido. Entró a sustituirla una mujer que era todo lo contrario a Jovita. Tenía un carácter seco y antipático, y a la mínima de cambio nos soltaba un tirón de orejas o un azote en el trasero, cuando no un zapatillazo, siempre a escondidas de mis padres. Nos tenía amenazadas con darnos más si decíamos algo, por lo que jamás abrimos la boca. Todo lo arreglaba así y, siendo mi hermana y yo movidísimas y traviesas, nos caían a montones. Muchas noches en que mis padres tenían cenas fuera, nos sacaba a escondidas de casa para ir a visitar a amigas suyas, amedrentándonos siempre para que no dijéramos nada. Le teníamos mucho miedo. Delante de mi madre se hacía la perfecta, todo eran sonrisas, simpatías y falsos cariños, y, como además la casa y la cocina las llevaba muy bien, mi madre nunca sospechó nada.

Por otro lado, algo raro empezó a pasar con mi madre. De un día para otro tomó por costumbre ponerse en el cuello un pañuelo y se mostraba más cansada de lo habitual. El ambiente en casa era extraño, no sabría decir por qué. Recuerdo que, en la boda de mi tío materno, vinieron a pasar el fin de semana a casa una hermana de mi madre con su marido y sus hijos, que vivían en Filipinas, y otra tía mía y sus hijos, que vivían en Nueva York. Nos juntamos un montón de familia que casi no nos veíamos, pero el aire que se respiraba era diferente: mi madre, siempre tan alegre y llena de energía, estaba apagada, aunque hacía un esfuerzo descomunal por disimularlo.

Poco después de eso, un buen día, mis padres se despidieron de nosotras y se marcharon de casa. No recuerdo que me explicaran nada y yo pensé que se irían a uno de los viajes que solían hacer y que en unos pocos días estarían de vuelta, pero la realidad es que mi madre no regresó hasta pasados tres meses. Mi padre sí se dejó ver antes, aunque iba y venía constantemente. El motivo es que mi madre se había puesto enferma.

Cuando se enteraron, valoraron diferentes tipos de tratamiento y les pareció que la mejor opción estaba en Estados Unidos, así que allí se fueron mi madre, mi abuela y mi padre. Nosotras nos quedamos en el Castañar, bajo la custodia de la nueva cuidadora, que, más que un consuelo y un apoyo para nosotras, supuso un sufrimiento extra. Gracias a Dios, teníamos a mis abuelos paternos a nuestro lado, quienes hicieron lo posible por animarnos. A mí me invadía una tristeza horrible que solo me abandonaba momentáneamente cuando llegaban mis primos desde Madrid a pasar el fin de semana. Salvo en tales ocasiones, mi ritual era esconderme debajo de la mesa para llorar; echaba mucho de menos a mis padres y no entendía lo que estaba pasando. Y digo que me escondía porque en mi familia nos enseñaban a que no debíamos llorar, pues hacerlo suponía una muestra de debilidad; en cambio, nos elogiaban y festejaban cuando, por ejemplo, nos hacíamos daño o pasábamos una situación dura y conteníamos el llanto. Siempre nos decían: «No se llora por tonterías, hay que ser fuerte», por lo que terminé pensando que llorar era en sí una estupidez, algo humillante, malo, dañino, y no había excusa para hacerlo; por tanto, si no podía evitarlo, mejor que no me vieran. Nos daba mucha vergüenza llorar a la vista de los demás y aún hoy arrastramos esto. Lo cierto es que creo que nunca he visto en esta familia derramar una lágrima a nadie.

El palacio me daba muchísimo pavor, tan grande y vacío, pues entre semana solo vivían mis abuelos allí y reinaba en su interior un silencio sepulcral. Los altísimos techos otorgaban a las estancias una penumbra perturbadora, y las historietas de fantasmas que nos contaba mi abuela me hacían temblar de miedo bajo las sábanas cada noche. Antes de meternos en la cama, Casilda y yo enfilábamos el infinito pasillo que rodeaba la galería del segundo piso, desde nuestro cuarto hasta el de mis abuelos, para darles el beso de buenas noches. Después volvíamos a la habitación, rezábamos y nos acostábamos. Por las noches se apagaban todas las luces y reinaba una oscuridad total. Yo intentaba por todos los medios dormirme antes que mi hermana, porque temía enfrentarme sola a la oscuridad y me daba absoluto terror llegar a escuchar las cadenas y el piano que, según mi abuela, tocaba el fantasma de la casa cuando se acercaba la media noche. Pero, aunque no sonasen cadenas ni pianos, esa casa emitía todo tipo de ruidos y crujidos, y entonces la mente se disparaba. Total que, una noche, mientras escuchaba la respiración de mi hermana, plácidamente dormida, y luchaba contra el miedo sollozando a escondidas bajo las sábanas, echando de menos a mis padres y deseando volver a casa, recibí un gran consuelo de Dios.

Es probable que fuera obra de mi imaginación de niña, de la conmoción que por la pena y el miedo sufría, pero, real o no, para mí supuso un profundo consuelo. Y es que allí al fondo, en una esquina de la excelsa techumbre del dormitorio, en la oscuridad más absoluta, apareció rodeado de una gran luz un angelito que me miraba con mucha ternura y simpatía. Aún hoy recuerdo su sonrisa. Esa noche comprendí que no estaba sola y que él nos cuidaba, aunque mis padres no estuviesen. Un día, papá volvió y me invadió una alegría difícil de describir cuando nos llevó de vuelta a casa. Nunca nos dijeron qué pasaba con mi madre, y creo que eso me produjo mucho sufrimiento y un gran enfado, porque ahora cuenta mi madre que nos llamaba a menudo y hablaba con mi hermana, pero que, en cuanto yo oía que estaba al teléfono, salía corriendo y me escondía para no hablar con ella.

Mi padre le puso excusas las tres primeras veces, pero finalmente tuvo que confesarle que yo no quería hablar con ella y que, cada vez que llamaba, salía corriendo. Y así estuvimos, sin cruzar palabra, todo el tiempo que permaneció fuera. También esto le produjo un gran sufrimiento a mi madre, pues estaba pasando por mucho, lejos de casa, sin su marido y sus hijas cerca, aunque nunca se sintió del todo sola, pues siempre estuvo acompañada por mi abuela materna. Cuenta mi madre que no hubo día que no rezase el rosario y la coronilla de la Divina Misericordia, además de acudir a la misa que se ofrecía en la capilla del hospital, cuando las fuerzas se lo permitían, y que todo lo que le pedía a Dios es que le permitiese llegar a nuestra primera comunión. No ha habido día en que mi madre no haya dado gloria a Dios y le haya mostrado su gratitud por haberla escuchado. Recuerdo oírla repetir siempre de pequeña cuántas gracias teníamos que dar a Dios por haber sido tan bueno con nosotros. Y de esta manera, un buen día nos subimos con mi padre a un avión con destino a Estados Unidos y fuimos a recoger a mi madre cuando ya había terminado su tratamiento y, aparentemente, estaba todo en orden.

Nos reunimos con toda la familia de mi padre en Florida, en una casa que tenían allí mis abuelos, y pasamos un verano que recuerdo con una especial felicidad, todos los primos juntos, con mi madre a nuestro lado; al fin, esos días de oscuridad parecían pasar a la historia. Mi hermana y yo no supimos, hasta muchos años después, qué enfermedad padeció nuestra madre, y la verdad es que, una vez juntos de nuevo, nunca volvimos a preguntar. Lo que sí me cuenta ella es que, desde entonces, tomé por lema eso de «No dejes para mañana lo que puedas hacer hoy», y siendo todavía un renacuajo, como me dice, solía animar en casa a terminar lo que ya se había comenzado o, siempre que había tiempo y ocasión para hacer algo, llevarlo a cabo, dejando la pereza a un lado.

3
Amanecer y legado recibido

V olvimos a casa y seguimos preparándonos para el tan esperado día de nuestra primera comunión. En casa, las primeras comuniones, como he dicho antes, se celebraban en la iglesia de allí y era un día muy importante que organizaban con mucho cariño y dedicación. Don Domingo, el cura que venía por aquel entonces a casa a oficiar la misa, se cercioró de que llevábamos bien aprendida la catequesis. Mi madre se ocupó de decorar la iglesia, llenarla de flores, adornar el altar y poner a punto los vestidos de primera comunión antiguos de la familia, los que habían usado mis tías y primas mayores y que ahora usaríamos nosotras también. Por su parte, mi abuela se encargó de organizar la comida en el palacio para todos los invitados. Nos reunimos toda la familia al completo, incluso vinieron mis tíos de Filipinas y de Estados Unidos, además de un montón de amigos con sus hijos.

Era el mes de mayo, no recuerdo el día, y Jovita, como no podía ser de otra manera en ella, nos tuvo preparando cánticos religiosos que debíamos entonar Casilda y yo al terminar la misa, mientras hacíamos un paseíllo por la iglesia, corona de flores en mano, y la dejábamos a los pies de la Virgen. La noche antes de mi primera comunión no pude apenas dormir de los nervios, pero no por lo que en realidad iba a suceder ese día, pues creo que en ningún momento fui consciente de la importancia de la ocasión, de que iba a recibir a Jesús en mi corazón. No pude dormir, por un lado, por la vergüenza que me daba el teatrillo que nos obligaría a hacer Jovita al día siguiente delante de todos nuestros primos y amigos (con lo mal que cantábamos, pensaba en la de collejas que nos iban a caer...), y, por otra parte, porque me moría de ganas de ver a toda la familia reunida, jugando juntos, pero también estaba ansiosa por recibir muchos regalos. Ahora lo pienso y me da pena no haber sido más consciente ese día de lo realmente importante.

Por la mañana, se presentaron en mi casa todos mis tíos y primos que llegaban de Madrid. Mis primas nos acompañaban mientras nos vestían con los clásicos vestidos blancos hasta los pies, nuestra medalla con la Virgen de la Blanca colgada del cuello, un pequeño librito de nácar con oraciones en la mano, los zapatitos blancos impolutos y una especie de velo en la cabeza que me resultó muy vergonzoso llevar. Así llegamos a la iglesia, que estaba llena a rebosar, con todas las miradas puestas en nosotras y, como música de fondo, la risa ahogada de muchos de mis primos, que eran fulminados con la mirada por sus padres. Los primos mayores hicieron de monaguillos y mis primas salieron a leer. Escuché con poca atención el sermón que el cura nos daba animándonos a ser buenas, a seguir yendo a misa y todo eso; yo solo pensaba en que acabase ya, en cambiarme ese ridículo vestido por otro más cómodo que tenía preparado mi madre en casa y en salir a corretear por el campo. Mi mente volaba imaginando todos los juegos a los que jugaríamos después.

Terminó la misa y a mi hermana y a mí nos tocó ir a por la corona y empezar el tan humillante paseíllo cantándole a la Virgen. Y claro, como siempre nos pasaba en momentos de tensión y vergüenza, como cuando salíamos a leer en misa o nos regañaba un profesor en clase, nos entró el ataque de risa y ni ella ni yo conseguíamos arrancar con la canción. Menos mal que Jovita se vino arriba y empezó a cantar a todo pulmón, haciendo el trabajo por nosotras, aunque no sé qué nos dio más vergüenza...

Al terminar, nos fuimos a casa a cambiarnos el vestido, para estar más cómodas, y después se sirvió la comida. Por nuestra primera comunión mi abuela paterna nos regalaba la medalla de su familia que había mandado a hacer mi bisabuelo y que tenía un ancla, un corazón y una cruz, junto a las palabras «Fe, esperanza y caridad», es decir, las virtudes teologales, mientras que, por el reverso, se leía «Religión, patria, familia». Y es que esto era, nos decían, lo más importante en nuestra vida y por lo que debíamos vivir. Los mayores comían en las terrazas del palacio y a los niños nos habían puesto en mesitas redondas en una parte del jardín bajo unos altos pinos y rodeada de un seto, fuera de su vista. Nos sentamos los niños por un lado y las niñas por otro, pues nos divertía mucho esa rivalidad típica de esa edad.

El mayor de mis primos, cuya mayor diversión en la vida era hacernos rabiar y perseguirnos con la bicicleta mientras corríamos desesperadas para que no nos atropellase, no pudo contenerse más y decidió llevar a cabo otra de sus brillantes ideas, iniciando así la guerra en el postre. Y es que el postre en cuestión, todo sea dicho, invitaba a ello. Mi abuela siempre lo ponía para las comidas familiares porque le encantaba, pero también por nosotros, ya que lo disfrutábamos mucho. Además, su impronunciable nombre francés, *profiterol au chocolat,* la llevaba a examinarnos uno a uno a cada nieto en la mesa para comprobar nuestro acento francés, que era francamente malo, haciéndonos repetir una y otra vez el nombre del dulce. Al terminar el examen, todos al unísono realizábamos un baile absurdo sobre la silla que aún hoy no entiendo quién inventó ni con qué propósito nos hacían bailarlo; eso sí, nos reíamos muchísimo haciéndolo. Y es que, como ya mencioné anteriormente, en casa de mi abuela se hablaba en francés, puesto que, aunque ella era asturiana, había estudiado en un internado en Suiza.

Y volviendo a la idea de mi primo, aprovechando esos bollitos rellenos de nata y bañados en chocolate, comprendió que era el instrumento perfecto para acabar con la pulcritud de nuestros vestidos y nuestros perfectos peinados, con sus lacitos a juego, y lanzó el primero, que fue a parar a la cabeza de mi hermana. Desde ese momento, eso se convirtió en una marea de profiteroles voladores que se estampaban contra unos y otros; un descontrol al que las niñeras no eran capaces de ponerle fin. Hasta que las niñas, que nos vimos ya rodeadas y en inferioridad de posibilidades, echamos a correr campo a través, entre los matojos secos y los arbustos, saltando por encima de las alambradas, donde más de una se hizo jirones el vestido, mientras los niños iban detrás, pisándonos los talones, hasta llegar a mi casa. La idea era encerrarnos para librarnos de ellos, pero entramos tan alborotadas que despertamos a mi prima pequeña, que dormía la siesta. Su niñera se puso furiosa; sin embargo, después de llorarle un poco y echarles la culpa a los niños, esta salió fuera y los echó a patadas.

En cada primera comunión, mi padre organizaba un tentadero de vaquillas e íbamos a la plaza de toros de casa todos para disfrutar de una tarde taurina y de tertulia. Preparaban un bar debajo de la plaza con bebidas y picoteo, desde donde las iban subiendo y pasando entre los invitados. Allí abajo había unas aperturas en los muros desde donde, al asomarte, veías a la vaca y al torero a nivel de suelo. A mí me gustaba mucho subirme a un taburete y mirar por ahí, y me sorprendía muchísimo el tamaño del animal y la valentía del torero. También me encantaba bajar a este cuartucho porque estaba lleno de nidos de golondrinas, pájaros muy apreciados por los miembros de mi familia, que solían cuidar sus nidos y las respetaban y admiraban, pues decían que estas aves le habían quitado espinas de la corona a Cristo.

Mientras los adultos se entretenían con la faena y tertuliaban entre sí, los niños no parábamos quietos. Andábamos entre la plaza y los corrales para angustia de los mayores, que veían que en cualquier momento podíamos caer donde aguardaban las vacas. Mi primo mayor salía a torear siempre, pues por aquel entonces quería ser torero, y todo el que se atrevía y quería bajaba y le daba pases a la vaca bajo la supervisión del torero. Más de una vez, ya en nuestra juventud, bajamos mi hermana y yo a torear, haciendo de tripas corazón, para orgullo de mi padre, y más de una vez salimos mal paradas.

En uno de esos festejos familiares, estábamos mi prima, mi hermana y yo de charleta en el jardín y de pronto apareció uno de mis primos, que era pocos años mayor que nosotras, y nos plantó delante de las narices una revista porno abierta mientras nos decía: «Mirad, niñas, así os han hecho vuestros padres». Las imágenes se me quedaron grabadas en la memoria y aún las recuerdo con total nitidez. Me produjeron tal horror y repugnancia que no puedo explicarlo. Mi mente claramente no era capaz de procesar lo que veía. Me puse a llorar y le grité: «Mis padres no hacen esas cosas». A lo que él me contestó de vuelta: «Tus padres y todos, gilipollas». Ahí quedamos las tres mudas y no volvimos a hablar del tema hasta unos fines de semana después, cuando averiguamos que la revista en cuestión la había encontrado mi primo en uno de los altillos del palacio; entonces, nos fuimos corriendo a chivarnos a mi abuela para deleitarnos con el castigo que le caería a mi primo. Pero no solo no lo castigó, sino que nos echó una bronca monumental a los cuatro por fisgar en los altillos. Así pagamos todos por su culpa.

Tras la enfermedad de mi madre, empezamos a ir cada año de peregrinación a Lourdes. Este pueblecito francés en las faldas de los Pirineos donde un día la Virgen se le apareció a una pobre y analfabeta pastorcita llamada Bernardette era espectacular. No solo por el entorno y el santuario, cuyas construcciones me parecen muy bonitas, sino porque allí se sentía a la Virgen, estaba presente por todas partes. Era un lugar de silencio y de paz. Íbamos todas las mujeres de mi familia materna: mi abuela, mi madre, mi tía con sus hijos y nosotras. Todos los años esperábamos esta excursión con mucha ilusión. Cogíamos una furgoneta grande y juntas emprendíamos el viaje hacia Francia. Eso sí, de camino, siempre era parada obligatoria visitar el santuario de Santa Casilda, en Burgos, para rezar a la santa cuyo nombre habían llevado y llevaban tantas mujeres de la familia.

En Lourdes nos metíamos a dormir todos en un cuarto de dos pisos, siempre en el mismo hotel, donde ya nos conocían. Lo primero que hacíamos era ir a la gruta a ver a la Virgen y a agradecerle, entre otras cosas, que mi madre hubiese recuperado la salud. Nos confesábamos, íbamos a misa y rezábamos el rosario. Luego, subíamos un monte alto haciendo el viacrucis, que me impresionaba mucho porque las imágenes de las etapas del calvario eran a tamaño real. Me daba mucha pena ver a Jesús siendo maltratado por esos hombres malos con cara de locos, y siempre pensaba cómo pudo la Virgen María haber soportado el acompañar a su hijo mientras lo sometían a esas torturas atroces. La estación en que crucificaban a Jesús me hacía temblar de miedo; ese hombre, martillo en alto, a punto de clavarle la mano al madero me estremecía sobremanera. Por supuesto, en aquel entonces no entendía el significado de todo esto y me parecía como una historia de terror.

Por último, mi madre nos llevaba a las piscinas de agua que la Virgen había hecho brotar del suelo donde santa Bernardette, siguiendo sus indicaciones, escarbó y donde tantos milagros se habían producido. A mí no me gustaba nada ir allí, pero mi madre me llevaba a rastras, y la verdad es que después me alegraba. Nos hacían sumergirnos en un agua gélida que cortaba la respiración mientras unas señoras nos agarraban por ambos brazos para que no diésemos un traspié y rezaban unas oraciones en francés.

Poco después de hacer la primera comunión, con ocho años, nos mandaron por primera vez internas a Inglaterra. Todavía me acuerdo cuando nos lo dijeron en la mesa mientras comíamos en casa de mis abuelos, en verano. Me entró terror y les supliqué a mis padres que no lo hicieran.

Creo que los meses vividos tiempo atrás en ausencia de mi madre me habían marcado mucho y tenía un sentimiento de abandono que ya nunca me dejó. Era muy común en mi familia y entre nuestros amigos el mandar a los hijos de pequeños a estudiar fuera, pero creo que mis padres lo adelantaron demasiado. De nada sirvieron nuestras quejas y en septiembre estábamos rumbo a Londres. Gracias a Dios, siempre tuve a mi hermana de compañera en todo, por lo que fue mucho más llevadero. Ella era el pilar en el que me apoyaba, la que me protegía y cuidaba, la responsable y la que me consolaba. Al llegar al internado, nos llevaron al cuarto, compartido con seis niñas más, desconocidas para nosotras pero amigas entre sí, que hablaban un idioma que no entendíamos en absoluto.

La primera noche allí fue en todos los sentidos desoladora. Tras horas luchando contra mis más tristes sentimientos, por fin me venció el sueño, y andaba yo en el más profundo descanso cuando, de pronto, empezó a sonar una alarma tan fuerte que taladraba la cabeza. Pegué un brinco en la cama —aún no entiendo cómo no me dio un infarto— y en la oscuridad traté de entender lo que pasaba, pero, como no comprendía el idioma, fue inútil. Busqué en la litera de arriba a mi hermana, que estaba igual de desconcertada y aterrada que yo. Una de las profesoras encargadas de cuidar a las internas entró atolondradamente y, de pronto, las niñas se pusieron rápidamente en pie, se colocaron sus batas y zapatillas y formaron fila. Yo, por mi parte, me limité a imitar lo que veía. A continuación, bajamos por las escaleras rumbo a los jardines, en medio de una total oscuridad y con esa desagradable sirena resonando aún. Progresivamente fuimos reuniéndonos todos en el jardín, niños y niñas, junto con los profesores. Tardé en comprender que era un simulacro de incendio, aunque no me entraba en la cabeza esa necesidad de ensayarlo de madrugada. Estos ensayos se repitieron en más ocasiones, pero al menos ya no me pillaron desprevenida. Qué miedo pasé esa noche...

Todo era diferente allí: la comida, el carácter de la gente, la forma de enseñar y aprender... Todo. Además, se trataba de un colegio protestante y las misas no tenían nada que ver con las nuestras, otra cosa que me llamaba mucho la atención y me confundía al mismo tiempo. Algunos fines de semana teníamos que abandonar el colegio porque lo cerraban, aunque se encargaban de buscar, entre las familias, la de alguna compañera de nuestro curso que nos acogiese, y a mí me impactaba mucho la diferencia tan abismal que había entre las costumbres de mi casa y los míos y las de esas familias inglesas.

Mi hermana y yo éramos las pequeñas del internado y los niños mayores se metían mucho con nosotras haciéndonos rabiar, y el no entender el idioma se lo ponía mucho más fácil. Yo echaba demasiado de menos a mis padres, mi casa, todo. Por las noches, solía rezar y, después, me echaba en la cama a llorar, ansiando volver a casa; lo hacía bajo las sábanas, para no ser descubierta por las demás niñas, que eran de lo más despiadadas y se burlaban de las que lloraban por las noches. Me llevé ese primer año un pañuelo de mi padre y otro de mi madre, que abrazaba para dormir porque olían a ellos y me reconfortaba. Mi hermana dormía encima de mí, en la litera, y eso me hacía sentirme tranquila.

El colegio era impresionante. Un castillo antiguo, inmenso, donde se distribuían, en una planta, las habitaciones de los chicos y, en otra, las de las chicas. En los pisos de abajo se encontraban las zonas comunes y, junto al colegio, se levantaban otra serie de edificaciones donde estaban las clases, el polideportivo y la iglesia. Los jardines eran espectaculares, con un montón de hectáreas llenas de pistas para diferentes deportes, parques repletos de columpios, bosques con estanques de patos y el sitio al que más me gustaba ir a mí: una caseta de madera donde las niñas guardaban a sus mascotas, en su mayoría roedores, cada uno en su jaula, que yo visitaba casi todos los días.

Nuestra vida de carreras y brincos por el campo debió de fomentar nuestra habilidad y agilidad, porque recuerdo que, al poco de llegar al internado, entramos ambas a formar parte del equipo de *hockey* femenino del colegio. Todos los fines de semana venían equipos de otras escuelas a disputar partidos, o bien nos trasladábamos nosotras en el bus del equipo. Como en la mayoría de los internados de Inglaterra, en este nos matábamos a hacer deporte, y eso me encantaba, ya que siempre fui muy activa y necesitaba moverme y gastar energía. Aquí no eché en falta esa faceta de mi vida, la de correr libre y alegremente por el campo, pues podíamos salir siempre que queríamos y recorrer esas magníficas zonas verdes que rodeaban al colegio, lo que me hacía sentirme más cerca de casa. Algunos días al amanecer o ya caída la tarde, me asomaba a la ventana de mi habitación y veía en los prados corzos pululando; una imagen que también me recordaba a mi anhelado hogar.

Mis padres nos llamaban una vez por semana a una cabina situada en la planta de abajo, alejada de todo, por lo que la mayoría de veces que sonaba nadie cogía el teléfono. Pero, cuando algún niño la oía y la llamada era para ti, venían a buscarte. Y qué alegría más grande sentía... También podíamos telefonear a cobro revertido otro día nosotras. Yo la verdad que hubiese preferido no hablar nunca porque, después de cada llamada, me quedaba devastada y echaba más en falta a mi familia. Por otra parte, cada domingo, en la iglesia, tras la eucaristía, se repartía la correspondencia y, cuando te nombraban, debías salir a recoger las cartas o los paquetes que habías recibido.

Cumplimos los nueve años en este colegio, y puedo decir que fue el cumpleaños más triste de mi vida. Lo celebramos solas, mi hermana y yo, con esa gente desconocida, soplando las velas de una insignificante tarta a la hora de la cena. Transcurridos cuatro meses, volvimos por fin a casa. ¡Qué felicidad experimenté al encontrarme con mis padres en el aeropuerto y al volver a mi hogar! Juré y perjuré que no regresaría a ese sitio nunca, que no abandonaría de nuevo mi casa. Tonta de mí, ignoraba que me quedaban aún por pasar dos estancias más en el extranjero.

Cuando volvimos a casa, mis padres nos habían inscrito en un colegio nuevo en Toledo. Atrás quedaba la escuela del pueblo y el minibús repleto de niños de las fincas vecinas con quienes compartíamos cada día la jornada escolar. Esta escuela estaba más lejos de casa, pero en ella la enseñanza era mejor y contaba con excelentes instalaciones, y, como mi padre, por aquel entonces, trabajaba en esta ciudad y además teníamos jornada continua, le resultaba más cómodo para llevarnos y recogernos. Siempre fuimos a centros públicos, mis padres decían que en ellos no solo se impartía mejor la enseñanza, puesto que los profesores eran más duros desde el punto de vista educativo, sino que nos convenía ir allí para poder relacionarnos con todo tipo de niños, pues en el futuro ello favorecería al trato con todo tipo de personas y nos preservaría de tener tonterías en la cabeza.

Fuimos muy felices en este colegio e hicimos muchos amigos, y lo cierto es que a ninguna de las dos nos costó llevar bien los estudios, aunque una se esforzaba más que la otra, dicho sea de paso. Mientras que mi hermana era muy responsable, constante y estudiosa, yo aprovechaba mi buena memoria para dejar el estudio para el último día. Llegaba del colegio, despachaba los deberes en un santiamén y salía disparada a tocar a la puerta de mis amigos del campo, a ver si salían a jugar conmigo. Pasábamos unas tardes estupendas jugando al fútbol, al baloncesto, al balón prisionero, a las canicas, o haciendo circuitos de obstáculos que inventábamos en bicicleta. Cuando queríamos emociones más fuertes, íbamos a casa del jardinero, que tenía una perra pequeña con un carácter endemoniado y, en cuanto nos veía aparecer, salía como una loca detrás de nosotros a intentar hincarnos el diente, y nosotros, entre carcajadas, saltábamos al alféizar de una ventana o nos subíamos a un árbol. Nos divertíamos apostando quién se atrevía a acercarse más a la puerta de la casa, donde la perra descansaba aparentemente inofensiva, y más de un valiente se llevó una tarascada en el pantalón.

En esa época, en la que tendríamos unos nueve años, se puso de moda tener novio. Un día, uno de nuestros amigos del campo, cuyo padre trabajaba como guarda en la finca de al lado para nuestro tío, le pidió a mi hermana que fuera su novia. Pero este pasaba de ser novio de mi hermana a ser el mío según el mes. Era novio de palabra, nada más, algo muy inocente e infantil, como debía ser por la edad. Algunos fines de semana cogía su bicicleta y atravesaba kilómetros de monte para venir a vernos y jugar con nosotras. Por San Valentín nos pidió que le regalásemos una foto nuestra. Mi hermana pasó olímpicamente, pero yo, ni corta ni perezosa, fui a la mesita de noche de mi madre y le quité la foto mía que tenía en un marco para dársela a este niño. La reacción no tardó en llegar. Al día siguiente, mi madre me sentó y me preguntó, y tuve que confesarle el porqué de la usurpación, pero la bronca de mi madre no fue lo peor. Pasados un par de días, al ir al palacio a la hora del té, me esperaba mi abuela sola. Me sentó frente a ella y me soltó una charla que no terminé de comprender sobre la inviabilidad de nuestro noviazgo.

Algunas de las tardes que íbamos al palacio, mi abuela nos daba clases de francés y nos enseñaba a coser. Mi hermana tenía mucha maña y le gustaba la costura, así que aprendió a hacer buenas mantas, pero yo nunca tuve la paciencia. Otras tardes nos mandaban a montar a caballo con los vaqueros. Esto lo aprendimos desde bien pequeñas, al principio, subidas sobre sus mismas monturas, hasta que fuimos capaces de llevar el caballo solas. Un día, mientras montaba con mi madre, unos perros nos salieron al encuentro y se pusieron a ladrar y a morder las patas de mi caballo, que, desesperado, se puso a correr. Yo no fui capaz de frenarlo y este se metió en un charco de barro, resbaló y me cayó encima. Mi susto fue monumental, le cogí un miedo horrible y juré que no volvería a subirme a un caballo. Pero de nada me sirvió, pues me obligaron a seguir montando para enfrentar mi trauma. Tiempo después, ya teniéndolo casi superado, nos dispusimos con mis primos a dar un paseo por el campo, pero no había caballos para todos. Total que algunos nos subimos de dos en dos en el animal, como en mi caso, que llevaba una prima detrás, y empezamos a galopar. De repente, el caballo empezó a votarse y salimos las dos volando por los aires, con tan mala suerte que fui a caer en el único pedrusco que había en los alrededores. Me pegué un golpe tremendo en la cadera y el cardenal me duró meses. Ese fue el final de mis experiencias como amazona, pues nunca más consiguieron que me subiera a un caballo.

Cada año, al terminar el colegio, nos mandaban a Gijón a pasar unos días con Jovita, la señora que, como he dicho anteriormente, ayudó a mi madre con nuestra crianza. Cuando éramos aún pequeñas para movernos solas, venía en autobús a recogernos a Madrid y nos subíamos con ella en otro de vuelta a Gijón. Cuando fuimos un poco mayores, mis padres nos empezaron a mandar solas en autobús. Esos viajes sin vigilancia me encantaban porque me hacían sentir muy mayor y en la parada de descanso en la gasolinera compraba todo tipo de golosinas y dulces.

Nos encantaba ir a casa de Jovita, éramos felicísimas allí. Lo mejor de todo era el recibimiento que nos daba, hasta que no fui madre no entendí tanta ilusión, alegría y entusiasmo en una persona que daba la bienvenida a unas niñas. Nos hacía nuestras comidas preferidas y preparaba especialmente para nosotras el cuarto de invitados de su casa —el único que en realidad tenía, además del suyo— con todo tipo de pequeños detalles; siempre nos ponía un peluche en la cama, junto con galletas y algunas chucherías sobre ella, y perfumaba de colonia las sábanas. Y es que disfrutaba durante esos días mimándonos y consintiéndonos en todo.

Jovita vivía en un pequeño piso de dos habitaciones y un baño, con un minúsculo salón que compartía el espacio con la cocina en el centro de Gijón. Las ventanas del salón daban a un patio enorme donde, por las mañanas al despertar y al atardecer, asomadas a la ventana, veíamos las gaviotas volar. En el alféizar de la ventana se posaban palomas a comer los trozos de pan que Jovita les echaba cada día para nuestra diversión.

Toda la casa estaba llena de fotos de nosotras y también conservaba alguna otra de los niños que había cuidado en Italia. Además, tenía estampitas de Jesús y de diferentes advocaciones de la Virgen por doquier. En el tocador de su cuarto había un pequeño altar con una figura de la Virgen tallada en madera oscura que aún guardo, incluso sin saber todavía qué Virgen es, y una preciosa Virgen del Carmen, patrona de los marineros, y es que Jovita era de Luarca, un pueblo pesquero asturiano. También estaba, como no podía ser de otra manera, su queridísima Santina, la Virgen de Covadonga, a la que tenía un fervor impresionante, y el Sagrado Corazón de Jesús, que lo era todo para ella. Pero, si a algún santo le rendía devoción Jovita, era a san Martín de Porres, por sus evidentes virtudes y porque era dominico, como ella. Un bonito crucifijo antiguo custodiaba el cabecero de su cama y, junto a esta, un cuadro de Jesús crucificado del que colgaba un rosario enorme, y las paredes las decoraban más fotografías nuestras. Nos contaba que cada noche cogía el pequeño crucifijo de su mesita de noche y, después de rezar, hacía la señal de la cruz con él sobre nuestra foto y luego nos daba un beso.

Por las mañanas nos despertábamos muy pronto, pero Jovita siempre llevaba ya, por lo menos, dos horas metida en la cocina, adelantando comidas y cenas. Después de desayunar y de que recogiese la casa, íbamos a la playa, y en los veinte minutos de caminata desde su casa hasta la playa de San Lorenzo ella iba parando en cada comercio, para que saludásemos a todos sus conocidos, y se sentía la más orgullosa del mundo con sus mellizas. También era parada obligatoria, a la ida o a la vuelta, entrar a la iglesia por la que pasáramos, ya fuera la de Nuestra Señora de Begoña o la de San Lorenzo, y es que Jovita era de misa diaria, pero, cuando íbamos nosotras, nos oponíamos y lo dejaba estar. Pasábamos la mañana en la playa, recuerdo que ella nunca se quedaba en traje de baño ni se bañaba, sino que se limitaba a vigilarnos desde la toalla mientras mi hermana y yo correteábamos por la arena y nos zambullíamos en el mar. Yo solía preguntarle por qué no se bañaba con nosotras, y me decía que ella ya tenía el resto del verano para disfrutar de la playa. Luego comprendí que no le daba la vida para ocuparse de nosotras y de ella misma.

Volvíamos a comer a casa y, al terminar, se sentaba frente a la televisión, con los pies en alto, aquejada de que no aguantaba el dolor de piernas, mientras veía las noticias y se lamentaba del aciago futuro que nos esperaba. De hecho, un día, mientras veíamos el telediario, se empeñó en que se iba a desatar una segunda guerra civil, y fue tan pertinaz y convincente que por la noche, en la cama, no conseguí conciliar el sueño, aterrada con vivir en mis propias carnes los horrores de la guerra.

La pobre Jovita siempre tenía las piernas hinchadas como morcillas y llenas de moratones, y sufría muchísimo por ello, pero era una mujer muy dura y se esforzaba por salir con nosotras a la calle para que nos divirtiéramos. Por las tardes, después de que descansara, cogíamos nuestros patines —mi hermana tenía de cuatro ruedas y yo patinaba con unos en línea— y nos íbamos a un parque que había al lado de los antiguos astilleros; así pasábamos la tarde patinando y tomando helado. Una de las noches de nuestra estancia con ella siempre nos dejaba pedir *pizza* o nos llevaba a comer hamburguesa… Era nuestra mayor ilusión. Como Jovita era pensionista y una persona muy humilde, mi madre nos daba dinero y, a escondidas, porque no aceptaba nada, la noche antes de irnos se lo metíamos en un cajón de su habitación o en su monedero, y ya de vuelta en casa nos llamaba y nos echaba la bronca. Pero, pese a tener muy poco, siempre se las arreglaba para darnos un dinerillo para gastar en vacaciones. Era una mujer muy generosa.

A la vuelta de Gijón, coincidiendo con las cálidas temperaturas del verano, todos los primos subíamos a acampar a la sierra. Íbamos sin padres, era una condición indispensable. Los convencíamos de que los mayores cuidarían muy bien de los pequeños y nos funcionaba. Cogíamos sacos de dormir, bocadillos y agua, y los padres nos dejaban en el punto más alto de la finca. Recorríamos los altos riscos inspeccionándolos y escalándolos, y lo pasábamos en grande. Cuando caía la noche, nos comíamos los bocadillos y nos tumbábamos todos apelotonados al raso, los unos contra los otros, y contábamos historias de miedo. Una noche hubo una plaga de tijeretas que se nos metieron en los sacos de dormir y, entre pellizco y pellizco, ahí no pegó ojo nadie. Otra noche, bien entrada esta, cuando muchos ya dormían, en medio de la oscuridad, se encendieron muy cerca los faros de un coche que avanzaba por el camino que bordeaba el risco. Los que aún estábamos despiertos nos mantuvimos inmóviles, muertos de miedo, para que no nos vieran. Y pasó de largo. Nunca supimos si habían sido los guardas o unos furtivos.

En una de las visitas que nos hicieron mis primos de Filipinas, mi hermana Casilda y ellos decidieron probar el tabaco. Yo estaba de caza con mi padre. Tras la hazaña, decidieron comerse un diente de ajo cada uno para que el olor de sus alientos no los delatase. Cuando llegaron a casa, la peste que desprendían a ajo era insoportable. Mi tía les preguntó qué habían hecho, a lo que mi primo pequeño contestó: «No estábamos fumando». A mi hermana y mis primos mayores se les cayó el pelo de la bronca que se llevaron. Cuando volví de la montería, la historia me pareció fascinante y me propuse no quedarme atrás y probarlo yo también. Así, al fin de semana siguiente, le robé a mi padre un cigarrillo, reuní después de la cena a todos mis primos en los jardines del palacio, lo encendimos y nos lo fuimos pasando. Por suerte, a nosotros no nos pillaron.

A mi hermana Casilda le encantaba disfrazarse y era muy payasa, por lo que las noches de fin de semana en que dormíamos con mis primos, ya fuera en mi casa, en el palacio o de acampada, ella se las ingeniaba para hacerles pasar un mal rato a los pequeños y sacarnos a los mayores unas risas. En una ocasión se puso una sábana blanca que la tapaba toda entera, solo se le veía la cara, que había cubierto de polvos de talco. Además, se pintó los labios con una barra color carmín de mi madre, se hizo en las comisuras unos caminillos rojos hacia la barbilla como si fuera un reguero de sangre y, bajo los ojos, se pintó de negro con un lápiz. Antes que nada, se inventó que estaba enferma y que no se apuntaba a la acampada que íbamos a hacer esa noche. El resto de primos, ya instalados en mitad del campo, empezamos a contar historias de miedo y, cuando terminamos, estábamos todos aterrados. Ya con las linternas apagadas y dispuestos a dormir, comenzamos a oír unos ruidos procedentes del exterior y, de pronto, apareció en la puerta de la tienda de campaña ella, disfrazada, con una linterna bajo el mentón, enfocando las terroríficas marcas de su cara. Menos mal que nosotros éramos partícipes del plan, porque a los pequeños no les dio un infarto de milagro.

También era común en Casilda meterse debajo de las camas de casa cuando dormían primos allí y esperar a que apagáramos las luces y estuviéramos a punto de dormirnos.

Entonces les contábamos a los pequeños leyendas aterradoras sobre una garra o mano que salía por las noches de debajo de las camas y arrastraba a los niños con ella a otro mundo para no volver jamás. Y de repente, ella sacaba desde debajo su mano y empezaba a moverla de lado a lado en busca de una víctima mientras todos gritábamos atemorizados, porque, aunque formaras parte de la broma, siempre acababas metiéndote en la historia.

A esa edad mi padre ya nos había introducido en la caza y nos enseñaba a tirar. Primero, con escopetilla de aire comprimido al blanco o a latas vacías. Luego, pasamos a cazar conejos con una carabina del 22, y de ahí nos enseñó a tirar con rifle y empezamos con la caza mayor. Maté mi primera cierva con nueve años, a rececho, en la sierra. Desde ese día mi padre me llevaba siempre con él al puesto y me dejaba tirar a mí. También rematé mi primer jabalí con las rehalas. Al principio, lo hacía con mi padre o con los rehaleros, por prudencia, pues los jabalíes heridos son muy peligrosos, pero, cuando aprendí, demostré a todos que podía valerme por mí misma.

Como mi padre iba mucho de viajes de caza y tenía que supervisar otras fincas que tenían mis abuelos, nos preguntaba quién quería acompañarlo, y yo, que odiaba el colegio, siempre me apuntaba. Me encantaba hacer estos viajes con mi padre, me subía a su lado de copiloto y me sentía muy importante y mayor. Hablábamos, me contaba historias y me enseñaba muchas cosas. Él siempre me decía que yo era su «compañerita de viajes», y a mí, que lo veía como mi héroe, eso me llenaba de orgullo.

Por aquel entonces acababan de morir mis bisabuelos paternos, los padres de mi abuelo. Estos querían mucho a mi padre, pues era el nieto mayor. Además, le habían puesto el nombre de Rafael en honor a su primogénito, hermano de mi abuelo, que murió ahogado en el Tajo al tirarse para intentar sacar a su primo, que se estaba hundiendo en aquellas aguas tras caerse de la barca en la que iban. Esto supuso para ellos un dolor enorme del que mi bisabuela nunca pudo reponerse. Pero la llegada de aquel primer nieto los colmó de ilusión y lo acogieron como a un hijo.

Mi bisabuelo Pepe era un hombre muy bueno. Todo el mundo lo quería mucho porque ayudaba a todo el que se lo pedía. Contaban que, a las puertas del palacio, cuando vivieron ahí, se apelotonaban grupos de campesinos para pedirle favores que siempre atendía. Era muy simpático, siempre sonreía y tenía una palabra amable para todo el mundo. Fue hasta los últimos días de su vida una persona muy piadosa, de misa diaria. Mi bisabuela Casilda era, por el contrario, muy seria, una mujer áspera, aunque muy buena. Debo decir que yo la conocí después de haber sufrido la pérdida de un hijo y haber pasado por una guerra, pues sirvió de enfermera en el frente, y ello afectó inevitablemente a su carácter.

En definitiva, mis bisabuelos eran como el agua y el aceite, pero se compenetraban y se querían mucho. Mi padre pasaba las vacaciones con ellos e incluso temporadas en las que, tras ser expulsado de varios colegios de Madrid, se fue a Toledo para instalarse en el Castañar bajo su cuidado cuando residían allí. Mi padre los quería y admiraba, y nos lo inculcó desde pequeñas. Una vez a la semana nos recogía del colegio e íbamos a Madrid a comer y pasar la tarde con ellos. Vivían en una casa grande con jardín y, como a mis padres les daba miedo que saliéramos a la calle solas y el jardín estaba abierto al exterior, nos decían que fuera había unos perros que mordían a los niños. Mi hermana y yo jugábamos entonces a salir por una de las ventanas sin que nos viesen e íbamos saltando de alféizar en alféizar alrededor de la casa; así, si venían los perros, no podrían alcanzarnos.

Nos encantaba ir a visitarlos. Primero, porque nos querían mucho y nos lo demostraban, y segundo, porque esa casa era apasionante. Recuerdo que nos pasábamos las horas en la biblioteca, cuyas paredes estaban repletas de libros y donde había una escalera que subía hasta el techo y se movía a lo largo de la estancia. A mí me gustaba mucho cotillear los libros allí expuestos, en especial los de poesía, que siempre me ha fascinado. Además, mi bisabuelo guardaba en esta sala las medallas militares que le habían concedido en la guerra y un viejo cañón con los que jugábamos mi hermana y yo a las guerras, entre otras tantas antigüedades que para nosotras eran verdaderos tesoros. Muchas veces cogíamos lo que más llamaba nuestra atención y corríamos a buscar a mi bisabuelo para enseñárselo y preguntarle qué era y que nos contase sobre ello. Y eso hacía, pero después siempre nos lo regalaba. Era tan generoso...

A la hora de comer nos sentábamos a la mesa con ellos y, como eran ya muy mayores, se atragantaban a menudo. Yo me levantaba entonces y corría a cogerles la mano, como si con ello fuera a salvarlos. Mi hermana, en cambio, se ponía muy nerviosa y, angustiada, corría a esconderse en el cuarto de al lado hasta que la tos menguaba. Cada niño es un mundo en sus reacciones. Casilda, mi hermana, era su ahijada, y a él le encantaba repetir que sería la futura condesa de Mayalde, título que él ostentaba. El sacerdote que siempre lo acompañaba, el padre Rizo, le llamaba la atención y le decía que no dijese eso delante de mí porque podía herirme, y entonces mi bisabuelo le contestaba: «No se preocupe, padre, que esta niña es muy virtuosa», y aprovechaba para recalcar que, además de virtuosa, era muy valiente, porque en una ocasión me había llevado al campo para ver los toros y, al bajarme del coche, salí corriendo hacia ellos. Puedo asegurar que fue el ímpetu y la inocencia infantil los que me llevaron a hacerlo, pero me gustaba que me viera con tan buenos ojos, en especial un hombre que había demostrado tanto valor antaño.

Tras la comida, nos sentábamos en torno a ellos para escuchar atentamente las historias de un pasado de sacrificio y entrega, de guerra, de coraje. Escuchaba sorprendida y asombrada cómo el uno en el frente y la otra de enfermera se habían puesto al servicio de España y de Dios. Murieron cuando yo era aún pequeña, aunque lo suficientemente mayor para tener un claro recuerdo de ellos, de sus historias, de su casa, de esas tardes compartidas. Mi bisabuelo nos dejó antes que ella, quien se marchó apenas tres años después. Creo que nunca superó el estar sin él, pues lo quería con locura.

4
Revolución

A cabado el segundo curso de la ESO, puse fin a mi etapa en el colegio para entrar en el instituto. Dejaba atrás con ello mi infancia, y mi inocencia empezó a esfumarse también. Yo, que siempre había sido una niña muy tranquila, respetuosa y obediente, empecé a sufrir un verdadero cambio en la entrada a la adolescencia. Al llegar al instituto, nos topamos con una realidad que desconocíamos, en parte, o que nos pillaba muy lejos, pues nuestra forma de divertirnos hasta entonces había consistido en corretear por el campo, montar en bicicleta y andar enredando con los animales. Con trece años, lo único que conocíamos de ese otro mundo era por nuestros primos de Madrid, quienes ya habían empezado a salir y cada vez venían menos al campo, pero, cuando se dejaban ver por allí, se entretenían relatándonos sus aventuras nocturnas, las cuales escuchábamos con entusiasmo y asombro. Mi hermana y yo les rogábamos que nos contasen más y les hacíamos mil preguntas, y ellos, que se sentían mayorcísimos, miraban con compasión a las primas que vivían encerradas en el campo y eran unas auténticas pringadas. Atrás quedaron también esos días en los que todos los primos juntos, mayores y pequeños, compartíamos juegos, y aunque yo seguía empeñándome en traerlos con nosotros allá donde íbamos, se me echaban todos encima y al final tenía que desistir. A mí me encantaban los niños pequeños y siempre andaba con algún primo en brazos, cambiándole los pañales, haciéndole carantoñas o entreteniéndolo, para desesperación de mi hermana y compañía.

Los tres primos mayores de la familia son chicos y las cuatro siguientes éramos niñas, así que empezamos a sentir fascinación por ellos, que pasaban olímpicamente de nosotras y nos ignoraban hasta límites insospechados. Los que nos seguían en edad ya eran demasiado pequeños para formar parte de nuestros planes. Una noche, saliendo del palacio para irnos a casa, mi hermana vio brillar en la oscuridad un punto rojo. Se acercó para ver qué era y se encontró a uno de mis primos fumando a escondidas. Este la amenazó para que guardase silencio, excusándose en que estaba muy nervioso y angustiado por los exámenes. Mi hermana se quedó preocupadísima e impactada y corrió a contármelo.

Como iba diciendo, que me he ido por las ramas, entramos en el nuevo instituto y me di de bruces con un nuevo panorama que empezó a llamarme mucho la atención. Tabaco, porros, alcohol, líos entre unos y otros... Eso parecía una telenovela. Pero la llegada no fue precisamente agradable para mí. Como tengo un acento raro por mi madre, que habla igual debido a que nació y creció en Perú hasta los trece años, esto suponía un verdadero suplicio, por las burlas que recibía en clase. Cuando me mandaban leer, me echaba a temblar y, según comenzaba, empezaban a volarme bolas de papel, gomas de borrar y objetos varios alrededor de la cabeza. Un día, un chico al que consideraba amigo mío se acercó con una de las pocas amigas que me había hecho en clase y sin más me lanzó un escupitajo en la cara. Aquello fue muy humillante para mí, pero me dolió más el hecho de que mi amiga no dijera ni hiciese nada y se marchase entre risillas con él. Así que me dije a mí misma que, si no podía contra el enemigo, me tendría que unir a él, y eso hice. Me metí en el grupo de los malotes —eran todos chicos, salvo yo— y así me gané el respeto de los demás. Me fumé mis primeros cigarrillos, vi los primeros porros, íbamos mucho de botellón y pasaba más tiempo en la calle haciendo pellas que en el colegio.

Al siguiente curso, a mi hermana y a mí nos separaron por primera vez de clase y aquel año me distancié de ella. Mientras que Casilda era estudiosa, responsable, buena y respetuosa en casa y todo lo hacía bien, yo era todo lo contrario. Estudiaba lo justo para sacar el examen, faltaba muchísimo a clase porque hacía pellas sin parar y en casa me pasaba el día castigada por liarla. Mientras que mi hermana conseguía lo que quería callándose y con sutileza, yo entraba al trapo como un miura y me enfrentaba sin parar a mis padres. Se me caía la mano de escribir infinitos folios de castigo, y debo decir que había oído tantas veces decir de mí lo rebelde que era que ya me había metido en el papel y lo había asumido por completo. Siempre que pasaba algo en casa, directamente se me miraba a mí como sospechosa; si nos peleábamos mi hermana y yo, siempre la culpa era mía —aunque probablemente fuera así—. Pero la realidad es que había entrado en una espiral en la que solo me metía en líos y ya no era capaz de salir de ellos. Tenía una tendencia natural hacia lo que estaba mal, hacia lo que me podía hacer daño, hacia lo que sabía que a mis padres no les gustaría que hiciese. Y es que mis padres eran para mí el enemigo, y darles quebraderos de cabeza no me importaba en absoluto, es más, me divertía. En aquel momento no me sentía ya ni querida ni valorada en absoluto por ellos. Vivía inmersa en mi propia realidad, en la que yo estaba a la sombra de una hermana melliza perfecta que todo lo hacía bien y era el orgullo de mis padres. A menudo he recordado con mi hermana las muchas veces que decidí que me iba de casa. Habíamos compartido toda la vida habitación, pero, tras nuestro segundo paso por el internado de Inglaterra, con once años, mi madre nos había preguntado si queríamos tener cada una su propia habitación y, aunque yo me había negado, a mi hermana la idea le entusiasmó. Así que ahora dormíamos puerta con puerta y ventana con ventana, y algunos de los días que estaba castigada y enfurruñada en mi cuarto, cerraba la puerta con llave y dejaba en el alféizar de su ventana una nota en la que compartía mi intención. Después daba unos toques en el cristal y cerraba. Empezaba entonces una cadena de notas de ventana a ventana en las que mi hermana me rogaba que no me fuera de casa y yo no entraba en razón. Imaginaos dónde iba a ir yo, en mitad del campo, a veinte minutos en coche del pueblo más cercano. Las veces que me aventuré a irme, nunca llegué más allá del arroyo, donde me sentaba a esperar que cayese el sol debajo de un árbol para luego volver a casa sin que, en la mayoría de los casos, nadie se hubiese percatado de mi ausencia.

En las vacaciones de verano, Semana Santa y Navidad, desde siempre, nos íbamos a casa de mis abuelos maternos a Sotogrande, en la provincia de Cádiz. Mi abuela Rosa era una mujer muy llamativa, rubia, de ojos azules, piel clara y labios de color marcado. Era muy deportista, y mi madre y ella eran inseparables cuando estaban juntas. Cada mañana salían a montar en bicicleta y lo alternaban con partidos de tenis y de golf, a los que siempre se apuntaban mi abuelo y alguno de mis tíos. Mi abuela nació en Perú y creció con una educación colonial, pues se crio en la hacienda familiar hasta que conoció a mi abuelo. Era una mujer seria, tímida con los desconocidos, pero muy divertida de puertas para adentro. No expresaba el cariño con contacto físico, pero era de esas personas que siempre estaban dispuestas a ayudarte y te hacían comprender sin besos y abrazos cuánto te querían. Nos educaba con rigidez, tanto ella como mi abuelo, y nos enseñaron a tener un profundo respeto por nuestros padres.

Mi abuela Rosa era, al igual que mi madre, una mujer muy piadosa. Iba todos los días a misa, rezaba el rosario y su fe fue el pilar que la sostuvo a ella y a toda la familia en los momentos difíciles que tuvieron que atravesar. Recuerdo las Nochebuenas en su casa, después de cenar, cuando nos reunía a toda la familia frente al Belén y todos juntos rezábamos y le dábamos la bienvenida al Niño Jesús con mucho amor y recogimiento, y a continuación los más pequeños le cantaban villancicos.

Mi abuelo Augusto era un hombre que con una palabra definiría como genial. De esas personas constantemente alegres, siempre con una sonrisa, siempre con una palabra amable que decirle a todo el mundo. Cada vez que lo veías, te recibía con cariño y con entusiasmo y tenía algo bonito que decirte, aunque lo hubieras visto los anteriores diez días del verano. Tenía un sentido del humor único y era desternillante, yo me moría de risa con él. Lo llamábamos el Patrón, porque, como decía él, «donde hay patrón, no manda marinero». Mi abuelo era el cabeza de familia. Sus tres pasiones eran el trabajo, el deporte y el mar, creo que por ese orden. Ni en sus vacaciones descansaba. Lo recuerdo en la casa de vacaciones familiar, sentado mañana tras mañana en su escritorio, con pilas y más pilas de faxes que, muchas veces, fui yo la encargada de traerle de la máquina. Pero, antes de empezar el trabajo, ya había hecho su parte de deporte, pues se iba en su bicicleta a recorrer Sotogrande para luego desayunar en familia antes de sentarse. En mi casa siempre fuimos muy madrugadores. A las dos bajaba a la playa y, fuera invierno o verano, se sumergía en el mar y nadaba durante largo tiempo en esas aguas gélidas que algunos conoceréis. Mientras tanto, los nietos y algunos tíos lo esperábamos muertos de hambre en casa y, al final, nos sentábamos a comer a las cuatro de la tarde, cuando terminaban mis abuelos su jornada de playa. La tarde era entera para jugar al golf o al tenis. Y les encantaba sacarnos a cenar fuera. Nos hacían arreglarnos desde pequeñas y salíamos toda la familia junta. También para la misa de los domingos. Mi abuelo, aunque creía en Dios, no era muy practicante e iba a misa cuando mi abuela conseguía convencerlo. Yo lo pasaba bomba cuando me sentaba a su lado en la iglesia. En las homilías él empezaba a cabecear y a quejarse de los rollos que metía el cura y, alzando la muñeca donde llevaba el reloj, le hacía señas para que acabara ya. Me moría de risa y de vergüenza.

La casa de Sotogrande de mis abuelos era de una sola planta, grande, con el típico patio andaluz cubierto de buganvillas, helechos y una fuente de piedra brotando de la pared, y toda abierta al exterior, con un jardín inmenso que terminaba en un campo de golf. También teníamos por este lado varios primos de nuestra edad que vivían en la casa contigua y otros más pequeños que venían a la casa también y con los que compartíamos habitación. Casilda y yo nos pasábamos la mayoría del tiempo en la casa de al lado con nuestra prima de la misma edad. Esta tenía un hermano cuatro años mayor que nosotras cuyos amigos nos encantaban y siempre estaban allí también. Algunas noches organizaba fiestas en un salón de billar y juegos que tenían y nos dejaba ir. Allí nos plantábamos las tres a comentar las borracheras que llevaban unos y otros, y lo guapos que eran fulanito y menganito. Una noche entramos en el salón de billar y estaba mi primo con dos amigos preparando un cigarrillo con unas hierbas dentro. Nos animaron a probarlo, y una amiga y yo, que, como ya he dicho antes, no tenía ni una idea buena, nos lanzamos a ello. La noche que pasé no os la puedo describir, pensé que no llegaría viva al amanecer. Me quedé a dormir en casa de mis primos para que no me pillaran mis padres y porque no había quien me moviese. Y para colmo de males, a la mañana siguiente teníamos clase de tenis a las diez. Qué mal lo pasé bajo ese sol abrasador y ese calor intentando darle a la pelotita.

Nos compraron con catorce años una moto con la que nos movíamos por la urbanización y que estrenamos estampándola contra un seto. Casilda y yo aterrizamos encima y nos arañamos de arriba abajo, y solo fue una de las varias caídas que tuvimos ese verano. Algunas noches, como teníamos hora de llegada a casa muy pronto, avisábamos a mis padres de que ya habíamos llegado y nos escapábamos por la ventana. Recogíamos a mi prima, que no tenía moto aún, y nos íbamos las tres en la moto apiñadas al puerto, en busca de mi primo y sus amigos. Otras noches nos escapábamos con los amigos que quisieran unirse y nos íbamos a la playa a ver las estrellas y bañarnos.

Como nuestros amigos de verano vivían todos en Madrid, empezamos a ir con quince años los fines de semana a salir por allí. Nos quedábamos en casa de mis abuelos. Así empezaron nuestras primeras salidas nocturnas y las primeras discotecas de tarde, y como no servían alcohol en ellas, ya nos ocupábamos nosotros de tomarlo en bares antes de entrar. Nosotras siempre éramos las que primero teníamos que volver a casa y nos quejábamos mucho a mis padres, que se ponían de acuerdo con los padres de nuestros amigos, siempre con los más estrictos, y nos caía, para nuestra desesperación, la misma hora de volver a todos. Algunos fines de semana nos quedábamos en casa de amigas y otros muchos, la mayoría, íbamos a Madrid para salir el viernes, y el sábado nos subíamos en un tren con nuestras amigas y volvíamos a casa, a Toledo, a pasar el resto del fin de semana en el campo. Mis primos se ponían como locos cuando las veían aparecer y no se nos despegaban, intentando ligotear con ellas.

Más adelante, empezamos a organizar, una vez al año, un fin de semana con nuestros amigos y amigas en el Castañar. Llegábamos todos el viernes y nos quedábamos hasta el domingo. Dormíamos distribuidos entre las casitas de invitados y nos bañábamos en el arroyo, subíamos a la sierra, hacíamos tiros al plato y, por la noche, fiestas que siempre terminaban con toda la casa patas arriba.

En aquella época, empezó a entusiasmarme el horóscopo. Mis amigas y yo nos comprábamos revistas para adolescentes a escondidas de nuestros padres, que nos lo tenían prohibido, y nos las íbamos pasando de unas a otras, comentando cada artículo —muchos de ellos, subidos de tono—, mientras soñábamos con encontrar pronto a nuestro príncipe azul. Luego íbamos al final de la revista y mirábamos en la parte del zodiaco lo que el futuro nos deparaba, convencidas de ello. Pero a mí me llamaba tanto la atención que llegué a comprarme tres libros sobre el tema, que consultaba a menudo.

También se puso por aquella época de moda entre nosotras un juego en el que se invocaban espíritus. Siempre nos habían aterrorizado en casa con la *ouija*, por lo que ni nos planteábamos probarla. Pero este juego era «distinto», porque invocábamos a espíritus buenos, al subconsciente de la gente. A veces, nos escapábamos del instituto e íbamos al cementerio a jugarlo. Eso se movía y todos nos moríamos de miedo, pero aun así lo estuvimos practicando tiempo.

Tras esa época, en mi afán por saber lo que el futuro me deparaba, y por medio de una amiga, descubrí el tarot y me compré, una vez más, a escondidas de mis padres, una baraja. Estuve aprendiendo a leer las cartas con un libro que me dejaron, pero, por fortuna, me aburrí pronto. Creo que el Señor quiso protegerme y vino de nuevo en mi auxilio, ya que, unos meses más tarde, vimos la película de *El exorcista* en casa de una amiga y cogí tal miedo a todo este mundo que, además de pasarme literalmente años teniendo pesadillas con el demonio, no volví a enredar con ninguno de estos pasatiempos.

La vida religiosa en mi casa seguía siendo la misma, pero yo no había comprendido nada aún. Para mí, Dios se resumía en una serie de mandamientos, normas y prohibiciones que debíamos cumplir o, de lo contrario, nos castigaría y caería sobre nosotros toda una serie de desgracias. Por ello me daba Dios muchísimo miedo y lo concebía como un ser lejano e impersonal por el que me resultaba imposible sentir algo más que respeto. Las misas me resultaban aburridísimas e iba solamente porque me obligaban mis padres, quienes estaban siempre pendientes de que asistiera, aunque estuviese en Madrid. Tan pronto como entraba en la iglesia y me sentaba en el banco, mi mente echaba a volar. La confesión tampoco me gustaba, no entendía por qué le tenía que contar mi vida y, peor aún, mis pecados a un señor que, a mi parecer, se lo debía de pasar bomba escuchando las maldades que hacía la gente. ¿Por qué no podía simplemente decírselos a Dios? Qué vergüenza y qué humillante era ese momento. Los sacerdotes me parecían igual de lejanos e impersonales que Dios. Los miraba y me preguntaba cómo podía existir alguien sobre la tierra dispuesto a dedicar su vida a dar misas y a rezar todo el día. Me parecían seres de otro planeta.

Cuando cumplimos dieciséis años, mis padres nos ofrecieron irnos a hacer el bachillerato a Madrid, pero nunca quisimos dejar el campo y permanecimos viviendo allí hasta terminar el instituto. Ese año nos mandaron por última vez fuera, a una escuela-academia de tenis y golf en Tampa, Estados Unidos. Allí los estudiantes se distribuían en diferentes casas, normalmente de cuatro alumnos con un monitor. Casilda y yo vivíamos solas en una de ellas; me sentía muy mayor sin la supervisión de un adulto. Por las mañanas nos despertábamos muy pronto e íbamos a la casa principal a desayunar, y a continuación empezábamos las clases en la academia de tenis, que duraban toda la mañana hasta la comida. Por las tardes teníamos partidos de tenis y después gimnasio para entrenamiento físico, que yo nunca pisé porque me escabullía, al contrario que mi hermana. Por las noches, los fines de semana, hacíamos excursiones y planes con los demás chicos y lo pasábamos fenomenal. Era todo como en las películas americanas. Un día empezó a llegar el rumor de que se aproximaba un huracán, el Charley, a las costas de Florida, pero no le di ninguna importancia. A los cuatro días, estábamos todos encerrados en un sótano con el huracán muy cerca. Este sitio estaba lleno de fauna, cangrejos rojos americanos que te amenazaban al acercarte con sus pinzas, caimanes, aves de todo tipo e incluso, una noche, me topé con un armadillo. Pues bien, el día previo a la llegada del huracán, la vida salvaje parecía haberse esfumado. A mí me habían explicado que, cuando estabas en el ojo del huracán, imperaba un silencio sepulcral y nada se movía. Y cuando nos dejaban asomarnos a un ventanuco, yo corría a mirar si los vientos que lo hacían volar todo habían cesado o teníamos el torbellino literalmente encima. Estuvimos encerrados en ese lugar varios días, durmiendo en sacos de dormir apelotonados en el suelo. Pensé que no saldríamos vivas de allí y me lamentaba de no haberme podido despedir de mis padres como es debido, aunque, al menos, estaba con mi hermana. Pero, afortunadamente, el vendaval se disipó y nosotras proseguimos nuestras vidas en el colegio más o menos como antes.

Con diecisiete años, y siguiendo los pasos de mis primos mayores, fui por primera vez con la Hospitalidad de Lourdes de Madrid de peregrinación con algunos enfermos a ver a la Virgen. Al viaje se unieron varias amigas, y en grupo nos ocupamos de los comedores ese primer año. Poníamos y quitábamos la mesa, ayudábamos a dar de comer a los enfermos y echábamos una mano en aquello que se necesitase. Para nosotras era un planazo porque estábamos entre amigas. Además, aquella experiencia nos permitía conocer a muchas de las enfermeras que trabajaban allí, y también a los camilleros. Estos eran chicos jóvenes que prestaban su ayuda para trasladar en los carros a los enfermos, para levantarlos y meterlos en la cama, así como asear a los varones que no podían valerse por sí mismos. Por tanto, además de conocer a gente nueva, siempre surgía algún que otro ligoteo.

El segundo año pasamos a formar parte del equipo de niños y nos asignaron, por cada dos enfermeras, dos niños a los que debíamos atender en todo momento, bañar, vestir y proporcionar cualquier cuidado. A mí me asignaron dos niñas, una en silla de ruedas, que dependía en todo de mí, y otra con síndrome de Down, que era el deleite de todas las enfermeras por su alegría y lo sumamente cariñosa que se mostraba siempre. Estas niñas nunca perdían la sonrisa, lo que resultaba tremendamente admirable. Y a mí, que siempre fui escrupulosa y muy comodona, se me quitaron muchas tonterías, además de prejuicios, y aprendí a mirar a esos niños enfermos con un profundo amor. Sin duda, estas peregrinaciones me enseñaron muchas cosas. Y aunque dormíamos poco y acabábamos agotadas, lo pasábamos en grande y siempre sacábamos tiempo para ir a tomar algo con los camilleros por las noches, en nuestros descansos. Hicimos muy buenos amigos en estos viajes, a través de los cuales conocería más tarde a mi marido.

Siempre me gustó mucho leer, especialmente la novela histórica. Disfruto viviendo en primera persona las aventuras de todos aquellos héroes valientes y devoro un libro tras otro. Pero, si hay algo que me ha llamado la atención desde la infancia, es la poesía. Las clases de literatura en el colegio eran de mis preferidas, en especial cuando tocaba estudiar poetas y memorizar sus poemas —mi favorito siempre fue Antonio Machado—. Creo que descubrí la poesía siendo muy pequeña, en casa de mis bisabuelos. Un día en que estábamos mi hermana y yo en la librería de su casa, me llamó la atención, de entre todos los ejemplares perfectamente encuadernados, un libro blanco, pequeño, perdido en la estantería. Cogí la escalera y subí hasta él, lo saqué con cuidado y leí la portada: Rafael Alberti, *Entre el clavel y la espada*, se titulaba. Lo abrí al azar y fui a parar a un poema llamado «Se equivocó la paloma». Lo leí y me entusiasmó. Desde ese día, cada vez que iba a casa de mis bisabuelos, buscaba un rato para sentarme con este libro y releer esos versos, entre otras composiciones. Se puede decir que fue entonces cuando descubrí la poesía, y ya nunca dejó de gustarme. Y más adelante, bien entrada en la adolescencia, en torno a los dieciséis años, me lancé a crear mis propias poesías. Lo hice como una vía de escape: abría mi corazón y volcaba todo lo que llevaba dentro sobre el papel. Era una auténtica liberación para mí. El primer poema que escribí, como no podía ser de otra manera, tenía que ver con uno de mis primeros desamores:

Dulce dualidad,
perfecta contradicción.
Por las noches, lobo hambriento;
por el día, almendro en flor.

El comienzo aquel día
de un mes de fuerte calor
en que apareció el vampiro
que tu sangre exprimió.

Una mirada helada
de eléctrico azul de sol,
punzante como un cuchillo,
profunda como el amor.

Niebla de invierno atormenta
las arañas de tu interior.
Triste nostalgia de ayer
congela tu corazón.

Anhelo de nieve virgen,
reconfortante calor,
el funeral de tu alma
y tu belleza interior.

Lágrimas secretas brotan.
La marcha, la perdición,
la decepción que tu alma
nunca jamás olvidó.

Húmedas noches de playa,
cruel rocío alentador,
el lobo y caperucita
bajo estrellado telón.

El olor a hierba seca,
tierno sueño matador,
las ilusiones vagando
y cayendo en el error.

El vertiginoso cambio,
ese miedo aterrador,
dos almas tan semejantes
con final sin solución.

Con dieciocho años nos fuimos a Madrid para estudiar la carrera. Mi madre nos metió en una residencia de monjas solo para niñas. Cada una tenía su habitación, y en cada una de las tres plantas que había teníamos un salón. En la planta baja estaba el comedor y unos sofás donde podíamos recibir visitas, pues nadie externo a la residencia podía subir a la zona de habitaciones. A cierta hora de la noche, creo que sobre las once, se cerraban las puertas y ya no volvían a abrirse hasta las seis de la mañana, y esto durante los fines de semana era un rollo, ya que de esa manera te obligaban a trasnochar para poder entrar, aunque a mí no me suponía realmente un problema.

Mi hermana entró a estudiar Arquitectura de Interiores en la Politécnica, y yo, Derecho en la Complutense. Después de clase, mi hermana iba al gimnasio y se encerraba en su cuarto a estudiar. En cambio, yo me hice rápido amigos en la universidad y me pasaba el día en la cafetería jugando al mus, saltándome clases. Al llegar a Madrid, me había unido mucho a una de las niñas de mi grupo que era un auténtico trasto, juntas parecía que se habían unido el hambre y las ganas de comer. Quedábamos por las mañanas, yo la recogía en su casa y nos íbamos por ahí, en lugar de asistir a clase. Ella tenía un novio mayor que nosotras, y algunos días quedábamos con él y sus amigos, que también se las arreglaban para hacer novillos. Muchas noches, como no me gustaba aquella residencia de monjas, me iba a su casa a dormir y los fines de semana que me quedaba en Madrid los pasaba con ella. Y es que su casa se había convertido en el centro de reunión de todas las amigas, ya que sus padres eran muy permisivos y hacíamos lo que nos daba la gana. Nos vestíamos y maquillábamos, muchos días organizábamos fiestas y desde ahí nos subíamos todas apelotonadas en el coche de mi hermana —yo todavía sin carnet—, y nos íbamos a vivir la noche madrileña hasta el amanecer. Aunque a mi hermana, como he dicho, entre semana no le veía el pelo, los fines de semana sí estábamos juntas y compartíamos planes y amigas. Ella estaba muy preocupada por mí, porque veía mi rebeldía y que cada vez estaba más perdida. No le gustaba nada el rumbo que estaba tomando mi vida. Ante esta actitud suya y el intento que hacía por encauzarme, me dio por huir de ella, así como huía de mis padres, a los cuales llegué a aborrecer. Casilda, mi hermana, siempre fue, y en este tiempo más aún, una verdadera madre para mí y mi salvavidas personal.

Por aquel entonces había dejado de ir a misa y pasaba de confesarme. Cuando iba a casa o estaba en familia, hacía el paripé para quedar bien y contentar al personal, pero, sobre todo, para no tragarme los sermones de mis padres y mis abuelos. Estaba tan feliz viviendo a tope, descubriendo el mundo y pasándolo de miedo que no contemplaba nada más que disfrutar de mi juventud, porque la vida eran dos días y había que exprimir el tiempo al máximo.

Andaba continuamente con amores y desamores en la cabeza, y seguía con mis poesías. Sin embargo, pese a mi aparente felicidad, sentía un constante anhelo de algo, y por más que intentaba llenarlo con unas cosas y otras, la mayoría equivocadas, no conseguía averiguar qué era. Ese vacío nunca me abandonaba. Ahora, en cambio, entiendo que lo que buscaba era a Dios; era Él el que me faltaba en la vida y el que me llamaba a volver a sus brazos. En esos tiempos le escribí esta sencilla poesía en un momento de profunda desesperación:

Eres bueno y milagroso,
siempre sabes comprender;
con infinita paciencia
me infundes tu querer.

Perdonando mis ofensas
y mis continuas traiciones,
eres ese amigo fiel
que acompaña mis temores.

En mi corazón habitas
y a mi lado tú caminas
apartando todo el mal
que se cruza en mi vida.

Me salvas del extravío,
me libras del desamparo
y me sabes consolar
apoyada en tu regazo.

Ya veis que Dios se hacía presente y luchaba por mantener las brasillas de mi corazón vivas, aunque yo no tardaba en cubrirlas de cenizas y volver a buscar lo que llenase mi alma donde nunca lo encontraría.

Para segundo de carrera, convencimos a mis padres de que nos alquilaran un piso para irnos a vivir solas. Por otro lado, decidí que quería cambiarme de carrera porque había otra que me llamaba más la atención y que, además, estudiaban varias de mis amigas. Total que, después de darles mucho la tabarra con lo uno y con lo otro, accedieron a ambas cosas. Estos dos cambios fueron para mí la perdición. Nuestro piso era el centro de reuniones, de fiestas y de copas de todos nuestros amigos. Apenas había un momento en el día en el que no hubiera alguien visitándonos, salvo por las mañanas, cuando nos íbamos a la universidad (si no me quedaba durmiendo). No obstante, empecé a asistir más a clase porque, en esta nueva universidad, al ser privada, pasaban lista y nos controlaban mucho. Lo cierto es que me costó bastante adaptarme a este nuevo tipo de enseñanza, pues siempre había estado en el sistema público, donde no había tenido desde los catorce años control de ningún tipo. Pero me hizo bien porque, al menos, eso me obligaba a no faltar a las clases y me animé a estudiar más. Además, el hecho de ir con amigas que eran más responsables que yo ayudaba bastante.

Los fines de semana eran una auténtica locura. Solíamos salir desde el jueves y había fiestas en casa noche sí y noche también. Los pobres vecinos estaban desesperados; desde luego, tienen ganado el cielo por la paciencia que tuvieron con nosotras... Lo que no cambió mucho fue nuestra costumbre de irnos al campo, a casa, muchos sábados con las amigas que se apuntasen, y lo pasábamos genial. Tampoco dejamos de hacer las fiestas de fin de semana que organizábamos con amigos y amigas en el Castañar. Ese año vino el grupo de jóvenes que habíamos conocido en la peregrinación de enfermos a Lourdes, dos de los cuales salían ya con amigas mías y trajeron con ellos un par de chicos nuevos, entre los que estaba mi ahora cuñado Gonzu. Congeniamos muy bien y, desde entonces, nos hicimos muy amigos. Por los noviazgos que habían surgido y por la afinidad, empezamos a quedar mucho con ellos y a hacer planes juntos. En los meses de estío, daba la casualidad de que casi todos veraneábamos en el mismo sitio, y quien no tenía esa opción se acoplaba fácilmente en casa de cualquiera de los amigos. Qué recuerdos tengo de aquellos veranos... ¡Qué felicidad!

Una amiga mía salía con un chico de otro grupo, aunque allí todos coincidíamos en los mismos sitios y la mayoría nos conocíamos, aunque fuera de vista, y gracias a eso empezamos a alternar los planes con los de un grupo y los de otro. Y así, dio la casualidad de que en este nuevo grupo de chicos estaba mi marido, aunque justo ese verano en que entablamos amistad con su pandilla él estaba en Madrid castigado. Por las mañanas íbamos a la playa a eso de la una, después de dormir la mona. Por las tardes quedábamos en las piscinas de unos y de otros, íbamos a ver los partidos de polo o hacíamos excursiones a playas de los alrededores para pasar allí el día. Por las noches salíamos todos juntos, hacíamos botellón y luego íbamos al bar o discoteca de turno. Una vez a la semana organizaban unos fiestones por la noche en las canchas de polo, en las que nos reuníamos todos los jóvenes de la urbanización, que éramos muchos. Aparcábamos en el *parking*, cada uno bebía con su grupo y luego entrábamos a la fiesta, donde bailábamos hasta el amanecer. Casilda, que siempre fue muy dormilona y diurna, muchas noches se ahorraba el botellón y se metía en la cama hasta las tres de la madrugada, cuando le sonaba la alarma para despertarse, y entonces entraba en escena.

Y es que allí, antes de las tres, no empezaba lo bueno, por decirlo de alguna manera, porque la gente a esa hora iba hasta arriba de alcohol y mi hermana se topaba con lo peor de cada uno. Cuando llegábamos a casa, mis padres y mis abuelos ya estaban en la terraza tomando café. Aguantábamos un mes entero con este ritmo de vida.

Recuerdo que ese fue el primer verano que mi hermana se marchó de misiones a Camboya y, aunque yo fui la que lo organizó y tuvo la idea, me rajé en el último momento porque preferí quedarme de picos pardos en Madrid. Fue para ella una experiencia increíble y estuvo repitiendo durante varios años. Por mi parte, nunca más tuve la oportunidad de ir por lo que veréis más adelante.

Tras su paso por Camboya, mi hermana se metió en un movimiento católico que tenía una iglesia cerca de nuestra casa en Madrid. Iba mucho por allí, donde se hacían adoraciones, se oficiaban misas y se daban charlas. Me contaba que había una cripta subterránea bajo la iglesia en la que se rezaba y después se cogía un papelito de una cesta. Eran pequeñas notas que contenían pasajes del evangelio y que a mucha gente le habían adivinado cosas que estaban por venir o que estaban viviendo en ese momento. Casilda me insistía mucho en que la acompañase, pero yo me reía de ella, le decía que era una rara y que no entendía qué hacía todo el día allí metida. Para mí, había millones de cosas mejores que hacer antes que ir a la iglesia a aguantar sermones de curas y rezar. Lo cierto es que tanto la religión en general como Dios en particular, con su lista de mandamientos, me incomodaban bastante, e ir a misa me resultaba aburridísimo. Yo quería hacer lo que me diese la gana, así que aparqué la fe a un lado definitivamente.

Un buen día, después de estar meses insistiéndome, accedí a acompañar a Casilda a la iglesia. Bajamos a la cripta y estuvimos rezando. Después, me llevó a coger un papelito y lo que leí me dejó totalmente indiferente, más que nada porque no lo entendí en absoluto. Decía lo siguiente: «La fuerza del Altísimo te cubrirá con su sombra». No lo entendí, pero me sonó fatal lo de la sombra, eso sí lo recuerdo. Ahora, echando la vista atrás, esa frase cobra sentido. En esos días escribí lo siguiente:

Lunes muerto de febrero. Desde mi ventana pienso: ¿es tan triste este día o es el gris del firmamento?, ¿todo cambia en esta vida o sólo si así lo queremos?, ¿está escrito mi destino o soy yo la que lo creo?, ¿por qué el mundo se complica buscando falsos sentimientos? Y mi corazón me dicta que no es ancho el sendero ni apacible el camino que me llevará al remedio, al descanso de las almas y al descanso de los cuerpos. Ese fin que muchos temen y rehúyen con desprecio y que algunos personajes esperan y buscan con anhelo. Que entre angostas veredItas y espinosos riachuelos recopilaré diamantes y enanitos pendencieros que al oído me dirán a cada rato lo que quiero y no lo que necesito ni lo que yo sé que es bueno. Y algunos de aquellos diamantes se convertirán en hielo y caerán ya derretidos en el pozo del recuerdo y otros de ellos, sin embargo, curarán mi desconsuelo con su belleza radiante y el poder de sus fragmentos. Y tras muchas cicatrices o, quizás, algunas menos, un buen día, no sé cuándo, lo veré allí a lo lejos, entre ramas putrefactas y aromas de destierro, y sabré que, al fin y al cabo, mi equipaje fue perfecto.

Había dado comienzo ya el nuevo curso universitario y cada uno retomaba su rutina. El primer fin de semana de septiembre decidimos organizar una quedada para tomar unas copas en uno de los pisos que tenían nuestros abuelos en Madrid y que usaban para pernoctar cuando venían del Castañar a hacer algo o si tenían que salir de viaje pronto al día siguiente. Este piso estaba muy bien situado, tenía un tamaño considerable y unas vistas espectaculares porque se encontraba en la planta alta de un edificio que daba a la plaza de Colón. Sin duda, era el lugar perfecto para organizar fiestas, y los primos lo usábamos a menudo con ese propósito. En este caso, invitamos al grupo de amigos de mi marido, y recuerdo que me preguntaron si me importaba que trajeran a tres chicos que no conocía, lo cual me pareció estupendo. Empezamos a servirnos copas, a charlar, a bailar, y lo pasamos en grande. Música, alcohol, amigos... ¿Qué más se podía pedir?

Cuando llegaron estos tres intrusos, los saludé, pero no reparé en ellos. Sin embargo, en un momento de la noche me senté a descansar entre baile y baile, y en el sofá que tenía enfrente advertí la presencia de un chico moreno, con la cabeza rapada y la cara más antipática que había visto en mi vida. Invitaba a todo menos a acercarse a él, pero a mí, que me tiraban los casos difíciles y complicados, por decirlo de alguna manera, esto fue precisamente lo que me llamó la atención. Pregunté quién era y me dijeron que se trataba del hermano de Gonzu. Esa coincidencia me encantó. «Si es hermano de Gonzu —me dije—, tiene que valer mucho la pena conocerlo». Así que me acerqué y me senté a su lado. Y en menos de lo que canta un gallo, ya me lo había metido en el bolsillo y le había cambiado esa cara de pocos amigos. Pasamos toda la noche juntos, hablando, conociéndonos, y descubrimos que, además de tener muchos amigos en común, también compartíamos la misma forma de pensar. A mí me encantó y, cuando me despedí de él, ya me moría de ganas de volver a verlo. Aunque tendría que encontrármelo por casualidad, puesto que no me había pedido el teléfono...

5

Madurez impuesta

E l viernes siguiente estábamos mis amigas y yo decidiendo qué íbamos a hacer durante el fin de semana cuando recibí un mensaje de uno de los chicos del grupo con el que habíamos estado de copas el sábado anterior. Me preguntaba qué plan teníamos, y yo supuse que el que estaba detrás de ese interés era aquel chico rapado de cara hosca que tanto me había gustado. Yo sabía que habíamos tenido química. Lo gracioso del tema es que, en el transcurso de cinco minutos, recibí dos mensajes más, de otros dos chicos que también me hacían gracia, preguntándome qué tenía previsto para el finde.

Pensé en lo caprichoso que era el destino: un día no ocurre nada sobresaliente en tu vida y, al otro, te surgen nuevos planes y pretendientes. Me puse a deliberar por qué plan decantarme, en consenso con mis amigas, claro está, y decidimos que nos uniríamos a todos. Así que nos fuimos primero a tomar una copa a casa de uno y quedamos con los otros dos en una discoteca más tarde. Esa fue la segunda vez que vi al que sería mi marido, y en aquella ocasión me gustó aún más que en la primera. Estuvimos toda la noche hablando y bailando. Lo pasamos fenomenal, y ese fue el principio de nuestra historia de amor juntos. Recuerdo que, pocos días después, recibí una llamada de mi amigo Gonzu, su hermano, que estaba por aquel entonces estudiando en San Diego, en la que me decía literalmente: «Ana Finat, aléjate del pequeño Fabio», mientras se moría de risa. Y es que él me conocía muy bien a mí, pero sobre todo a su hermano, con el que solo se llevaba diecisiete meses y con quien había compartido casi todo en la vida. Eran uña y carne, se adoraban y tenían una relación de hermanos muy especial.

Gonzu era el mayor, el responsable, el que tenía los pies en la tierra. Era tranquilo, bonachón, con una sonrisa permanente en la cara, y siempre estaba de guasa con todo el mundo. Cuidaba y se preocupaba siempre por Fabio, que andaba a cada rato metido en líos y era, por el contrario, inmaduro e impulsivo, es decir, un polvorín andante, y le gustaba la fiesta más de la cuenta. Ambos hermanos formaban un dúo muy gracioso y peculiar, y su relación me recordaba mucho a la que teníamos Casilda y yo.

De nuestra primera cita resultó una anécdota muy graciosa. Me llevó al cine a ver *El exorcismo de Emilie Rose*, y yo, que siempre he sido muy miedosa y por aquel entonces las cosas del demonio me daban auténtico terror, me propuse sobrellevar aquel plan de cine de la mejor manera posible, sin prestar atención a la película. De modo que, después de entrar en la sala y sentarnos en nuestras butacas, cuando comenzó la proyección, saqué mi iPod, me puse a escuchar música a todo volumen y cerré los ojos. Seguro que el pobre Fabio escogió esa película con el afán de que me abrazara a él entre sobresalto y sobresalto o que le cogiera la mano, pero el caso es que se quedó con las ganas, y yo me pegué una cabezada mientras escuchaba los mejores éxitos de Joaquín Sabina.

Algunos días íbamos a merendar a Vips o quedábamos en mi casa para ver una película y, eso sí, todos los días hablábamos durante largo rato por MSN, porque en aquel entonces no había WhatsApp y los mensajes de texto y las llamadas salían carísimos y te quedabas sin saldo enseguida. Nos juntábamos su grupo de amigos y el mío cada fin de semana para copear y salir de fiesta juntos. Lo pasábamos muy bien y había una gran sintonía entre todos, pues muchos nos conocíamos desde hacía años. Pero la realidad es que bien pronto nuestra relación comenzó a complicarse. Los dos éramos muy inmaduros e impulsivos, y teníamos mucho carácter, por lo que empezamos a discutir mucho. Teníamos muchas idas y venidas, y estábamos más tiempo mal que bien, pero no éramos capaces de estar el uno sin el otro. El respeto no formaba parte de nuestra relación. Fueron pasando los meses, y en febrero Fabio y Gonzu se fueron de Erasmus a Parma, Italia. Estudiaban Ingeniería de Caminos y se les daba muy bien. Fabio estaba por entonces en cuarto de carrera. Pensamos que la distancia beneficiaría a la relación, pero, lejos de mejorarla, la empeoró. Las peleas y discusiones eran nuestro pan de cada día y empezó a crecer cierta desconfianza por su parte, lo que generaba más conflictos. Pese a todo, siempre lo arreglábamos y teníamos la esperanza de que todo iba a salir bien. Nos echábamos mucho de menos. Nuestros amigos y nuestros hermanos, Cas y Gonzu, nos decían que nuestra relación era un tormento y que teníamos que acabar con ella, pero no escuchábamos a nadie.

A los dos meses de irse a Parma, decidí que quería ir a verlo. Convencí a mi hermana y a una amiga para que me acompañasen, con el fin de que, al venir ellas, mis padres no me pusieran trabas, pues jamás me hubieran dejado ir sola de viaje a casa de un chico. Pero ni aun así lo consintieron. Así que las engatusé para que se escaparan conmigo sin permiso. Al principio, ambas se negaron, pero fui tan insistente y persuasiva que, finalmente, acabaron aceptando el plan. De modo que un viernes por la noche estábamos en Barajas subiéndonos a un avión rumbo a Milán. Le hice el lío a mi hermana para que fuera ella la que desempeñase la función más desagradable, y así, cuando estábamos sentadas a punto de despegar, llamó a mi padre y le confesó dónde estábamos y a dónde nos estaríamos dirigiendo en pocos segundos. No dio tiempo a más, porque el avión despegaba y nos llamaron la atención para que apagáramos el teléfono.

Habíamos barajado en un principio la posibilidad de no decir nada a nuestras familias, pero a mí se me había quedado grabada la historia que nos contó unos años atrás la madre de una amiga. Nos dijo que una niña se escapó una noche de su casa para seguir de fiesta, después de haber avisado a sus padres de que había llegado, y ya entrada la madrugada estos pobres padres recibieron una llamada de la policía en la que les informaban de que su hija había muerto en un accidente. Los padres les contestaron que eso era imposible, pues su hija dormía en la habitación de al lado, pero, cuando se levantaron para verificarlo, se dieron cuenta de que, efectivamente, la cama estaba vacía. A mí esa historia me dio una pena horrible y nunca la olvidé, así que descarté la idea de no decir nada rápidamente. Os podéis imaginar la bronca que nos cayó al aterrizar en Milán... Aunque el mal sabor de boca se nos pasó bien pronto, en cuanto vi a Fabio y Gonzu esperándonos. Y así es como comenzó nuestra aventura en Italia.

Esa primera noche dormimos en Parma, en su casa. Al día siguiente nos subimos todos en un coche y emprendimos rumbo a Venecia. Se unieron a nuestro grupo tres italianos amigos suyos encantadores y muy divertidos. Las Casildas —la amiga que viajaba desde España con nosotras también se llamaba así— se empeñaron en ser las encargadas de elegir y gestionar el alojamiento allí, pero, como era de prever, porque eran muy tacañas, el resultado fue catastrófico. Después de dos horas y media de coche, y de cruzar en barco hasta la ciudad, pusimos pie en Venecia y empezamos a recorrer la distancia desde el embarcadero donde nos dejaron hasta el Airbnb que habían contratado mi hermana y mi amiga. Nos pegamos una caminata tremenda con las maletas a cuestas y, cuando llegamos, tuvimos que esperar una hora a que viniese el propietario a abrirnos. No voy a entrar en detalles de cómo era el sitio por dentro, solo mencionaré que estaba sucio, que probablemente las sábanas no se habían cambiado y que en las mesitas de noche encontramos objetos sospechosos y muy asquerosos. Pese a todo, lo pasamos en grande y nos encantó la ciudad. Después de Venecia, regresamos a Parma y estuvimos un par de días allí. Volvimos hasta arriba de regalos para mi madre, pues sabíamos que, si aplacábamos su furia —y, para ello, los regalos eran un método infalible—, mi padre se dejaría llevar por ella. Y así ocurrió: una buena bronca, una sentidísima disculpa, muchos regalos de por medio, mi hermana de mediadora y tema solucionado.

Los días fueron pasando, y los meses, y nuestra relación a distancia se hizo insostenible. Al final, terminamos cortando y cada uno empezó a hacer su vida. Yo recuperé la paz y la estabilidad emocional que me habían faltado esos meses atrás y pasé página rápido. Pero no fue el caso de Fabio, que se propuso, por todos los medios, recuperarme. Pero, claro, en ese momento, a miles de kilómetros de distancia, en Italia, poco podía hacer más que seguir mis pasos a través de los amigos que teníamos en común. Mientras tanto, mis amigas y yo ya habíamos conocido a un nuevo grupo de chicos con los que sustituimos al de mi marido y empezamos a hacer planes con ellos. Organizamos un fin de semana en nuestra casa en el campo, con yincana, tiro al plato, copas..., e invitamos al nuevo grupo y a los amigos de Fabio, supongo que porque alguno estaría ligando con alguna de mis amigas. Y ellos acoplaron al plan a mi marido. Un día y una noche fueron suficientes para que volviera a caer en sus brazos. Reanudamos nuestra inestable, inmadura y tóxica relación. Y es que nada había cambiado... Aunque pensamos que las cosas mejorarían en esta segunda oportunidad, la realidad es que no lo hicieron.

En mi casa siempre se nos había enseñado a guardar nuestra virginidad hasta el matrimonio; eso, nos decían, era una gran virtud, y yo, aunque tenía un carácter rebelde, me lo había tomado siempre en serio y me lo había propuesto de corazón. Me parecía algo muy bonito. En realidad, nunca me había costado porque lo asumía como una decisión muy natural, o quizás porque nunca había tenido un novio serio, pero el caso es que, con diecinueve años, varios amores a mis espaldas y la mayoría de mis amigas considerando una soberana estupidez este tema de la castidad, que yo siguiese manteniéndome firme en mi propósito era cosa milagrosa. Y al final, el milagro duró poco. Tras un año y pico de noviazgo, y después de autoconvencerme de mil maneras, tiré toda mi intención por la borda y, con veinte años, me quedé embarazada.

Me acuerdo del instante mismo en que supe que iba a ser madre, lo tengo grabado a fuego en la memoria. El que hoy es mi marido estaba a mi lado y cayó redondo al suelo. Yo me quedé en estado de *shock*, con la mente en blanco. De pronto, sentí que se abría ante mí un abismo infinito de incertidumbre, de inseguridad, de miedo, de desesperanza. Y ahí estaba yo plantada, con la mirada perdida, preguntándome cómo iba a poder hacerme cargo de un bebé, cómo sería capaz de ser madre y asumir esa enorme responsabilidad, si ni siquiera sabía cuidar de mí misma. De un minuto a otro mi destino había cambiado para siempre, porque ya no era yo, ahora éramos nosotros, éramos el bebé y yo, y el chico que yacía desmayado a mi lado, si es que se apuntaba a la ecuación. Yo tuve claro en ese mismo instante que mi vida entera sería para mi hijo, que él o ella no tenía la culpa de mi cabeza de chorlito y que tenía derecho a nacer. Eso, por supuesto. Y hacerlo dentro de una familia, con su padre y su madre, y yo iba a luchar por conseguirlo, costase lo que costase. Pero la cosa pintaba muy mal. Primero, porque nuestra relación era un auténtico horror, y segundo, porque ni siquiera sabía si el chico que seguía intentando asimilar a mi lado el drástico giro que había dado su vida estaría de acuerdo con mi decisión.

Esa noche en que descubrí que iba a ser madre, dormí en la cama con mi hermana. Dormir es un decir, porque la realidad es que no pegamos ojo. Pasamos la noche hablando las dos, planeando cómo sería el nuevo miembro que iba a llegar a nuestra familia, todas las cosas que le enseñaríamos a hacer, todos los lugares a los que lo llevaríamos. Esta charla me dio mucha paz porque comprendí que no estaba sola y, por primera vez desde hacía años, volví a mi niñez, a esos días en que, enferma, triste o temerosa, me aferraba a las faldas de María y, compartiendo con el Niño Jesús sus brazos, mi corazón quedaba consolado. Qué bonito cómo en los momentos más difíciles de la vida, cuando todo se vuelve oscuro, cuando parece que caminas por un callejón sin salida, cuando todo es incertidumbre, Ella, María, la Madre que nunca falla, sale a nuestro encuentro. Ella es la luz que ilumina toda oscuridad. Y esa noche, con el Niño Jesús en su regazo, vino a decirme que no estaba sola, que Ella me acompañaría en este nuevo camino y me enseñaría a ser madre, a ser mujer, a confiar en el plan que Dios tenía para mí, aunque no entendiese nada. Y ahora, echando la vista atrás, comprendo que mi marido y ese regalito del Cielo que fue mi hija me sacaron de ese camino en el que lo único que me importaba era pasármelo bien y cumplir mis deseos, a costa de lo que fuera.

Y maduré, de golpe. Ya no importaba lo que yo quisiera, necesitase o anhelase, sino el bienestar de ese bebé que estaba en camino y que, pasado el susto y la incertidumbre iniciales, me había alegrado la vida y se había convertido en mi mayor ilusión. Qué regalo tan grande me hizo Dios con esa hija mía que llegó para salvarnos a su padre y a mí. Para unirnos para siempre, con Él como centro y nexo de nuestra familia. Si no, sería imposible. Y esto lo entendí más tarde, como veremos. Esa niña llegó para enseñarme a ser madre, para enseñarme a amar sin límites, para enseñarme a ser responsable, para enseñarme a amar sin esperar nada a cambio. Me enseñó a entregarme, a olvidarme de mí misma, a ser humilde, a aceptar, a luchar y a ser paciente. Pero no fue fácil, nada fácil. Yo apenas era una chiquilla de veinte años que, de buenas a primeras, había visto cómo todos sus planes de futuro, sus sueños, toda la vida que se había estructurado se le habían venido abajo en un instante como un castillo de naipes. Tenía miedo, mucho miedo. También sentía dolor; dolor por las habladurías que circulaban por allí y que eran hirientes, además de un disparate. De pronto, vi como mi gran círculo social de amigos, que me buscaba constantemente para salir de fiesta y hacer mil planes, se iba esfumando poco a poco. Y era normal, ya no podía seguirles el ritmo. La noche, las fiestas y el alcohol eran incompatibles con mi estado, y yo sentía que mi juventud y los mejores años de mi vida me habían sido arrebatados. Encima, Fabio no asumía el nuevo papel que le tocaba y seguía con su vida de antes. Entre semana estudiaba para acabar la carrera cuanto antes, y los fines de semana se iba de marcha con sus amigos.

Fueron tiempos duros, sin duda. Quedó constancia de ello en mis escritos. Como en este fragmento que comparto a continuación:

Los campos de Castilla pasean a sus anchas por mis pupilas. Las nubes grises que los cubren reflejan mi agonía y juegan en el cielo con aquellas formas nítidas, tornándose poco a poco en mis peores pesadillas. Y de pronto todo es negro, ya no hay día, ya no hay vida. Los fantasmas del pasado vagan errantes por las viñas. Mi corazón es una ciénaga de ilusiones y alegrías que antaño fueron sueños que llenaban nuestros días. Y ahora ya no siento, no hay lugar para sonrisas. El vaho negro venenoso de la angustia en la mejilla y el eco tenebroso de los pasos del destino que se jacta por haber ganado la partida.

Los primeros en enterarse de la buena nueva fueron nuestros hermanos, Gonzu y Cas, como no podía ser de otra manera, junto con aquella íntima amiga que había sido mi compañera de fechorías y malas ideas, pero que tan bien me lo había hecho pasar, y con la que tanto había compartido y reído. Aún recuerdo estar en su casa, al día siguiente de enterarme, ella, Casilda y yo, haciéndonos un test de embarazo a la vez e intentando convencernos de que la fina rayita que se veía en el mío era un fallo técnico. «Pues vamos a mi ginecóloga, que es amiga de mi madre —dijo mi amiga—, vamos ahora mismo y salimos de dudas». Y allí nos fuimos las tres, yo muerta de vergüenza y con angustia porque no había pisado un ginecólogo en mi vida y me daba mucho pudor. La ginecóloga me lo confirmó, había embarazo, pero aún era pronto para escuchar el latido; por lo tanto, me recomendó esperar un tiempo antes de decir nada, ya que, como dijo ella, igual tenía suerte y el embarazo no seguía adelante. Tuve un sentimiento agridulce en el corazón. ¿Estaba ya ilusionada por la vida que llevaba dentro y me preocupaba que no prosperase? Por otro lado, estaba aterrada por todo lo que se me venía encima: el confesar a la familia el embarazo, no saber lo que iba a pasar con Fabio, qué futuro me esperaba... Tenía miedo.

Esa misma mañana, después de la cita con la doctora, habíamos quedado con Fabio y su hermano, que acababa de enterarse, en una terraza. Mi querido amigo Gonzu, tan alegre y optimista como es, apareció por la esquina de la calle muerto de risa, con una sonrisa de oreja a oreja, y al llegar a mí me abrazó, dándome la enhorabuena. Me dispuse a guardar el secreto, como la doctora me había aconsejado, y a seguir con mi vida de siempre, aunque bien pronto me di cuenta de que eso me iba a resultar complicado. Las náuseas y los vómitos empezaron enseguida y no me daban tregua durante la mañana. Estaba hecha un trapo. Ahora, pensándolo, creo que fue una mezcla de los nervios y de los síntomas típicos de muchas mujeres embarazadas. A medida que mi tripa iba aumentando, yo iba adelgazando.

Acabé por dejar la universidad al poco tiempo, en segundo de carrera. Estudiaba Publicidad y Relaciones Públicas. Un día, estando en medio de clase, siendo aún contadas las personas que sabían mi estado, mientras la profesora explicaba con entusiasmo su lección, mi mente vagaba de un pensamiento a otro, a cada cual más oscuro y angustiante. Aún no había contado nada en casa, la relación con Fabio era terrible y me sentía muy sola. Con todo ello sobrevolando mi cabeza, los ojos se me llenaron de lágrimas y, de pronto, me levanté y salí corriendo. Corrí como si me persiguiera un león hambriento y busqué el lugar más recóndito para llorar y allí me desahogué amargamente. Al rato, apareció una muy amiga mía que iba a mi clase y tuve que contarle lo que me ocurría. Ella acababa de perder a su padre, así que nos abrazamos y lloramos juntas: ella, la marcha de una vida, y yo, la llegada de otra. Fue un gran consuelo ese momento y una liberación compartirle mi secreto, pero desde ese día fue tal mi vergüenza por el numerito que había montado que jamás volví a pisar la clase. Mirando atrás, pienso que debería haber actuado con mayor entereza, pero creo que toda la madurez y la fuerza que cosechaba entonces, que eran pocas, las tenía concentradas en sacar adelante la vida que llevaba dentro.

Al mes siguiente, en mayo, mi madre hacía su viaje anual a Estados Unidos para sus revisiones médicas, al que solíamos acompañarla siempre mi abuela materna, Casilda y yo. Era nuestro viaje de chicas. Ese año, como tenía novio, cuando lo empezaron a planear, les dije que no iba, que no me apetecía. Sin embargo, con el percal nuevo, no quería quedarme sola; aunque, por otro lado, me daba angustia viajar con mi madre y mi abuela tantos días, teniendo que fingir mi estado y vomitando tanto. ¿Cómo lo iba a hacer? Para colmo de males, mi madre había aprovechado para cogerle una cita ginecológica a Casilda en el mismo sitio donde le harían su revisión. Entonces pensé que, para ese momento, según me había dicho la doctora, ya se habría cumplido el tiempo para poder escuchar el latido cardiaco del bebé y podría verse; así que le dije a mi madre que me pidiera otra cita para que también me revisaran a mí, pero con la condición de que entrase conmigo mi abuela y no ella. Esto le sonó rarísimo y empezó a preguntarle a mi hermana y a montarse historias en su cabeza; sin embargo, sin darle más importancia, al final accedió.

Ahora me tocaba resolver el segundo problema: si mi abuela iba a entrar conmigo, tenía que contarle mi secreto antes de viajar. A los pocos días, fui a su casa y la encontré en su vestidor, sentada frente al tocador. En el suelo, la maleta a medio hacer, pues faltaba poco para nuestro viaje. Un beso, un qué tal, «Qué alegría verte, Anita», y sin dar muchos rodeos —no soy de andarme mucho por las ramas—, se lo solté. Estupefacción, preguntas sin sentido, asimilación y una respuesta:

—Te casarás con el chico, ¿no?

—Ay, yo qué sé, abuela, ya veremos. Pero, por favor, no le digas nada al abuelo ni a nadie, que solo lo sabes tú.

—Anita, no le digas nada a tu madre hasta que le hayan dado los resultados de su revisión médica, que ya sabes lo nerviosa que se pone, pobrecilla.

—Sí, abuela, tranquila, que no voy a decirle nada, pero tú me tienes que ayudar a esconderlo un poco, porque estoy con muchos vómitos y no quiero que sospeche. Además, nos ha cogido cita en un ginecólogo a Casilda y a mí, y yo le he dicho que quería entrar contigo, y está mosca...

Tema resuelto. A los pocos días pusimos rumbo a América las cuatro. Mi abuela llevaba, la pobre mujer, tal carga psicológica encima que estaba irreconocible. Aún hoy me pregunto cómo no la maté de un infarto. Por suerte, la inocencia de mi madre hizo que no le diera mucha importancia al hecho de que apenas comiese, debido a las náuseas, y frecuentase mucho el cuarto de baño, donde, cada vez que entraba, abría el grifo y dejaba correr el agua a la máxima potencia.

Y entonces llegó el día de la cita ginecológica, y mi abuela entró conmigo en la pequeña sala. Creo que estaba de algo más de dos meses. Al poco de iniciar la exploración, empezó a sonar con una fuerza sobrecogedora el corazón del bebé. Fue algo que se me quedó grabado en la memoria y que nunca he olvidado. Qué emoción, qué amor, qué ternura, qué regalo. Mi abuela estaba emocionada también, pues ya sabíamos que había bebé, que había vida, no había duda, y se acercaba el momento de comunicárselo a mi madre. En unas horas le darían los resultados de sus chequeos y tendría vía libre para hablar. Me daba miedo contárselo, miedo y vergüenza. Hablé con Casilda y mi abuela, y concretamos que, llegado el momento, estarían acompañándome; sin embargo, llegada la tarde, los acontecimientos se desarrollaron contrariamente a lo que habíamos hablado.

Estando las cuatro en la habitación de hotel que compartían mi abuela y mi madre, me acerqué a esta y le dije que tenía que contarle una cosa. Ella se sentó en la cama, esperando la información, momento que aprovecharon mi abuela y Casilda para darse a la fuga. Ahí nos quedamos ella y yo, mirándonos, en un incómodo silencio. «Lárgalo ya, Ana —me dije—, sin rodeos, que es mejor». Y al fin se lo solté: «Mamá, estoy embarazada». Un larguísimo mutismo. Mi madre, meneando la cabeza de un lado a otro, negando mis palabras, y de pronto empezó a repetir una frase incesantemente: «¡Qué tonta!». Pasado el *shock* inicial, pudimos hablar. Las desertoras volvieron en seguida y se encontraron un panorama bastante calmado. Tuve la suerte de que mi madre se mostró muy ilusionada desde el principio con la nueva vida que estaba en camino, y esa misma tarde me llevó a un centro comercial para comprarle ropita al que sería su primer nieto, pues ya habíamos decidido precipitadamente que sería el chico de la familia. Como si eso fuera posible…

Durante esos días que pasamos en Texas, recuerdo con cariño un hecho curioso en el que hoy veo cómo el Señor quiso, una vez más, cuidar de su pequeña Ani. Una tarde, estando en el hotel sola, esperando a que abriesen el restaurante para bajar a cenar, recibí una llamada de Fabio, quien, por aquel entonces, ya se lo había contado a su padre. Me dijo que había hecho varios exámenes, que le habían salido bien y, entre otras cosas más, que su padre le había advertido que lo de casarse conmigo tendría que hacerlo «por encima de su cadáver». Aquella frase atravesó mi pecho como una puñalada directa al corazón. Me sentí una mierda, muy sola y muy perdida. Colgué el teléfono y lloré desconsoladamente. Me acerqué a la ventana y miré a lo lejos, y pensé que mi vida ya no tenía ningún sentido, que la había echado a perder, que me había cargado mis sueños y mis proyectos. Que iba a estar atada para siempre a un hombre que, en realidad, no quería estar conmigo y me quería abandonar. Yo le había manifestado alguna vez a Fabio la posibilidad de casarnos y siempre me había dicho que al terminar la carrera hablaríamos. Entonces salí corriendo de la habitación. El hotel estaba conectado por galerías internas con una serie de complejos hospitalarios enormes que nada tienen que ver con los de España, ahí parecía que estabas pasando de un hotel a otro. Corrí sin rumbo largo rato a lo largo de estas galerías, hasta que, de pronto, vi una puerta abierta y entré en una sala de luz tenue con unos bancos y me senté a llorar. De repente, me invadió una paz inexplicable. En la estancia reinaba un silencio envolvente y, aun sabiéndome sola en ese lugar, me sentí muy acompañada. Levanté la mirada y descubrí que me encontraba en una de las capillas del hospital. Estuve mucho tiempo allí sentada y recibí un grandísimo consuelo. Sé que fue Dios el que esa tarde me llevó hasta allí para abrazarme y consolarme.

A nuestro regreso a Madrid, se lo fuimos contando al resto de la familia y amigos. Mis padres y mis abuelos insistían en que nos casáramos, pero aún teníamos dudas y debíamos sentarnos a hablarlo seriamente. No sé si lo llegamos a ver claro alguna vez, ya he dicho que teníamos muy poco futuro juntos y todo el mundo se echaba las manos a la cabeza cuando se enteraba de la noticia. Pero al final optamos por arriesgarnos por nuestra hija, para darle la familia unida que pensábamos que merecía, y claramente Dios ha hecho el resto, no sin muchos años de lucha y verdaderos sacrificios. Algunos amigos, cuando les contábamos que venía un bebé en camino, nos sugerían que abortásemos, pues les parecía una estupidez que acabásemos con nuestro futuro y nuestros proyectos de esa manera, siendo además tan obvio que nuestra relación no duraría demasiado, pero lo cierto es que esa fue una opción que jamás nos planteamos.

El tiempo fue pasando, Fabio se graduó en Ingeniería de Caminos y pusimos fecha a nuestra boda. Sería en septiembre, de modo que teníamos dos meses para prepararla, pues queríamos casarnos antes de que naciese nuestra hija. Comenzamos a organizar los preparativos a contrarreloj; bueno, más bien, fueron nuestras madres las que tomaron la iniciativa. Yo andaba en las nubes, intentando asimilar todo lo que me estaba pasando, lo que se me venía encima y el cambio de vida que debería afrontar. Recuerdo sentirme como en un sueño, como si no me estuviera pasando a mí, como si lo viera todo desde fuera. Yo me dejaba llevar por mi madre y mi suegra, e iba de un lado a otro como un zombi: que si al ginecólogo, que si a probarme el vestido de novia, que si a degustar la comida de la boda, que si a elegir el atuendo de los pajes, que si a comprar todo lo que haría falta para cuando el bebé llegase…, y todo ello mientras íbamos preparando la mudanza a la nueva casa que compartiría con Fabio cuando nos casásemos.

Qué dolor tan grande me producía esto, el salir de casa, el dejar de compartir mi día a día con Cas, mi melliza, mi compañera de vida, la que para mí era una extensión de mi ser. Y yo ahí iba, a remolque, dejándome llevar, con más apatía que otra cosa, porque seguía intentando ubicarme en mi nueva realidad. Mi hermana Casilda se había ido a pasar los últimos meses de ese curso universitario a París, por lo que, para colmo de males, me había quedado más sola que la una y sin mi principal compañía y soporte. Luego me anunció que en verano se iría, por segundo año consecutivo, de misiones a Camboya y que el siguiente curso lo estudiaría en Nueva York. Mi hermana Cas también encajó como pudo mi nueva circunstancia y huyó de ella, como podéis ver, como de la peste. Sufrimos a partes iguales nuestra separación, y solo quien tiene un hermano gemelo o mellizo puede entender las consecuencias que tuvieron estos cambios drásticos e inesperados de mi vida en nuestro corazón. Definitivamente, sería en ese momento cuando las inseparables mellizas seguirían diferentes caminos por primera vez en su vida.

Llegó el verano y nos fuimos a la casa familiar de Sotogrande. Fabio y su familia también veraneaban allí, lo cual facilitaba todo. Yo, con mi tripa de cinco meses, pasaría mi último verano compartiendo cuarto con mi hermana, y quería exprimirlo al máximo, aprovechar cada minuto de estar con ella. Fue un verano raro y diferente. Debía asimilar que mi vida había cambiado, pues, aunque mi hija no hubiese nacido aún, ya era madre. Mi hermana y mis amigas llevaban la rutina de cada verano, pero yo no podía seguirles el ritmo. Dormían por la mañana hasta casi medio día y por las tardes estaba con ellas, pero a la noche se arreglaban y salían de fiesta, mientras que yo me quedaba en casa, anhelante, nostálgica. Le pedía a mi hermana que se quedase conmigo noche tras noche, egoístamente. Veía a mis amigos disfrutar de su juventud mientras a mí se me escapaba de las manos. Y lo peor del caso es que en esa ecuación entraba Fabio, que era incapaz de asumir su nuevo papel y de madurar.

Él seguía viviendo la vida a tope y se entregaba cada noche a la fiesta como si la cosa no fuese con él. Yo me despertaba cada mañana temerosa, esperando recibir las noticias de la noche anterior, porque, si algo se le daba bien a Fabio, era liarla de mil maneras cuando salía.

Cuando el verano acabó, lo agradecí; tocaba rematar los últimos detalles para la boda. Yo no tenía ni idea de lo que significaba o implicaba el sacramento matrimonial. Hicimos el cursillo prematrimonial, que creo recordar que duró varios fines de semana, en el que no presté atención, y poco más. Nos casamos el 22 de septiembre del 2007 en la capilla de la Virgen de la Blanca del Castañar, la finca de mis abuelos, donde había crecido y pasado la mayor parte de mi vida, y donde se habían bautizado, hecho su primera comunión y casado varias generaciones de mi familia. Yo estaba embarazada de seis meses, pero llevaba un vestido que era una joya y que me habían hecho a medida de un modo que disimulara la barriga. Era un vestido blanco, muy elegante y con bordado de pedrería. Me dejaron el pelo suelto, recogido en la parte superior, para guardar la juventud de mis veinte años. En la cabeza llevaba la tiara y la mantilla que habían pertenecido a mi tatarabuela. Me vestí en el palacio, en casa de mis abuelos, y desde allí partimos mi padre y yo hacia la iglesia. Estaba muy nerviosa porque odio ser el centro de atención; soy muy vergonzosa y me producía pesadillas el momento de aparecer y recorrer el pasillo hacia el altar. Al llegar al palacio, me encontré a mis primos pequeños, unos vestidos de pajecillos y otros de monaguillos, todos repeinados con gomina, y los de mi edad ya vestidos, esperándome, y se conmovió mi corazón. Atrás dejaba tantos recuerdos con ellos que no volverían a repetirse... Una vez más, sentí cómo mi infancia y mi juventud se me escapaban entre los dedos y decía para siempre adiós a una época de mi vida en la que había sido muy feliz.

Después de prepararme, bajamos al coche para poner rumbo a la capilla. Sentada junto a mi padre, el corazón me latía a mil por hora. Y como tantas veces había hecho de pequeña, busqué su mano y, sujetándola, recuperé la seguridad y la tranquilidad que solo mi padre había sabido siempre darme. Los alrededores de la capilla eran un jolgorio de jóvenes que me recibían alegremente piropeándome, lo típico de las bodas. Lo que no era en absoluto habitual es que la edad media de los asistentes fuera de veinte años. Yo miraba al suelo, deseando con toda mi alma que me tragase la tierra. Qué vergüenza pasé; pues, si hay algo que siempre he odiado, ha sido ser el centro de todas las miradas. Y por ello ese día de mi boda ni abrí el baile, ni me paseé entre las mesas, ni nada de nada.

Como iba diciendo, sujeté el brazo de mi padre, esperé a que me colocasen el vestido, la mantilla y demás, y empezamos nuestro paseíllo hacia el altar. Pero duró bien poco, porque, en contra de lo planeado, el sacerdote que oficiaba nuestro matrimonio, el padre Rizo, nos esperaba junto a los pajes, el novio y la madrina en la puerta misma de la iglesia. Bueno, claro está que tenía que ser una boda diferente en todo. La ceremonia fue muy bonita. Los niños del coro cantaban como los ángeles, y la participación de nuestros hermanos y amigos en las lecturas fue muy emotiva. Recuerdo que una de las lecturas fue un pasaje del Cantar de los Cantares, en el que el amado dice ser un cervatillo que juega al escondite recorriendo la naturaleza con la amada. Pensé en su hermoso significado, muy acorde conmigo, pues había crecido en el campo viendo correr por él tantos animales de esa especie. Pronuncié los votos con pleno convencimiento de que haría lo que estuviera en mi mano para sacar adelante ese matrimonio y convencida de que sería fácil. Segura de que me esperaba un futuro feliz por delante. Pero poco más recuerdo, salvo que a punto estuve en varios momentos de desmallarme y que fui socorrida por mi madre y sus caramelos de glucosa.

Después de la misa, empezó la comida y posterior celebración en los jardines del palacio. Todo estaba espectacularmente bonito, cuidado y decorado con mucho cariño y esmero. Había flores por todas partes, y sombrillas blancas y rojas decoraban los jardines a la vez que protegían a los invitados del fuerte sol de septiembre. Al llegar, recibí seiscientos besos —uno por cada invitado a la boda—, seguidos de seiscientos «Qué guapa estás» con sus respectivas seiscientas «Muchas gracias», y después de eso llegó el momento de las tropecientas mil fotos familiares. Yo, a esas alturas de la celebración, ya estaba agotada y con las pilas bajo mínimos, y la cosa no había hecho más que empezar. Y mientras mis amigos inauguraban su prometedora carrera hacia una noche de borrachera y diversión, yo, con mi cocacola en la mano, solo soñaba con que ese día acabara para poder meterme en la cama y dormir.

Fue una boda perfecta, nada podría haberla hecho mejor. Cuidada y organizada con tanto cariño. Nuestros amigos nos prepararon un discurso lleno de ilusión y esperanza que nos conmovió y animó mucho. Todo el mundo feliz, bailando, compartiendo, celebrando... Tantos jóvenes con toda la vida por delante celebrando el primer matrimonio de dos de ellos. Sí, era entrañable. Y cuando entró la madrugada, comenzó a llover, pero nada hizo que esa gente joven abandonase su celebración y su alegría. Ahora me da por pensar que esa lluvia totalmente inesperada, en ese mes de septiembre en el que la sequía era terrible en los montes de Toledo y el sol abrasaba como si de un desierto se tratase, fue un guiño del Señor en el que quiso presagiar la fecundidad y prosperidad de nuestro matrimonio. Pero quedaba mucho por recorrer aún.

Atrás quedó la boda y comenzamos nuestra nueva vida juntos. Nos mudamos a un piso que tenía Fabio en Madrid, a la vez que él empezaba a trabajar por primera vez. Pero, antes de esto, nos fuimos de viaje de novios a Asturias, pues mi embarazo estaba avanzado y no nos dejaban coger un avión. A mí me entró una morriña horrible y me pasé todo el viaje llorando porque me daba una pena enorme dejar a mi hermana. El pobre Fabio no entendía nada y tuvo una paciencia infinita con esa embarazada de hormonas revolucionadas que solo lloraba y se lamentaba echando de menos su vida anterior. Pero no sufráis, porque esto pasó pronto. Digamos que eran muchas emociones y mucho que asimilar en poco tiempo, y yo hacía lo que podía.

A la vuelta a Madrid, me despedí de mi hermana, que dejaba España para empezar su periplo por París y Nueva York, dejándome un enorme vacío, no os voy a engañar, y empecé a preparar todo para la llegada de mi hija. Cuando supimos que era niña, me sorprendí, pues desde el principio estuvimos convencidos, por alguna razón sin sentido, de que sería niño; tanto que todo lo que había comprado hasta el momento era de color azul. Pero, pasado aquel impacto, la acogí con más ilusión aún y con gran expectación, pues todos mis primos pequeños eran niños y estaba más acostumbrada a tratar con varones. Ese último trimestre de embarazo, la adaptación a la nueva vida matrimonial, tener a mis padres lejos —pues vivían en el Castañar— y la marcha de mi hermana, todo ello se me hizo cuesta arriba. La familia de mi marido vivía dos pisos más abajo, y eso suponía una compañía, en especial porque él trabajaba todo el día. Fabio tenía cuatro hermanos, y el mayor de ellos era Gonzu, del que ya os he hablado, un gran amigo mío; pero este, como Casilda, también había abandonado España para comenzar su vida laboral en el extranjero. Fabio se llevaba diecisiete meses con Gonzu, y Carmen llegó diez años después. Por detrás, venían Jaime y Reyes. Estos tres pequeñajos tenían por aquel entonces doce, ocho y seis años, respectivamente, y yo los acogí, en especial a los dos menores, a los que conocí cuando solo tenían cuatro y seis años, como si fueran mis hermanos. Para mí fueron un regalo en esos momentos, pues subían y bajaban de una casa a otra con toda tranquilidad. Como veis, mis suegros criaron a sus hijos y a su nieta juntos y casi a la vez.

Por fin llegó el gran día en el que Ana llegó al mundo. Fue inolvidable, especial, único. Estábamos a primera hora los abuelos, Casilda, Gonzu y nosotros en el hospital para el esperado momento. Me lo provocaron, porque el bebé no quería salir. Ana Carmen nació un 17 de diciembre del 2007 a las cuatro de la tarde. La llamamos Ana, como mi madre y como yo, y Carmen porque éramos en ambas familias muy devotos de la Virgen del Carmen —ya he contado que este es el segundo nombre de mi hermana Casilda, pero es que, además, la abuela, la madre y la hermana de Fabio se llaman así—. Fue una niña gordita, de facciones armoniosas y perfectas, que desde que abrió por primera vez los ojos, y lo hizo pronto, fijaba la mirada en ti y parecía ya estar reflexionando sobre la vida. Recuerdo que mi abuelo Augusto, padre de mi madre, se sorprendía mucho con esta peculiaridad de la pequeña y lo comentaba mientras se miraban fijamente durante largos ratos el uno al otro, augurando que sería una niña muy inteligente.

Ahora miro las fotos y me impresionan: dos niños con otra niña en brazos. Puedo decir que coger a mi hija, verla por primera vez, abrazarla y besarla fue el mejor y más especial momento de mi vida, como cada una de las otras tres veces que vi por primera vez a cada uno de mis hijos. Creo que no experimentaré nunca una felicidad mayor que esa, ni un amor más grande ni más desinteresado que el que se siente desde el primer encuentro con un hijo. Es un deseo de entrega total y absoluto, definitivamente te cambia para siempre.

En la habitación del hospital todo era celebración, risas, alegría, champán, brindis... Toda la familia junta celebraba la llegada del nuevo miembro, mientras un sinfín de jovenzuelos llegaba incesantemente a dar la bienvenida a la más pequeña del «clan» y a felicitar a los felices padres. En esos días le escribí a mi hija la siguiente poesía:

Ana, razón de mi sonrisa,
flor que alegra mi camino,
que lo hace cada día.
Esperanza e ilusión,
el proyecto de una vida.
obra maestra de Dios
que con su inspiración divina
me bendijo con la entrada
de este ángel en mi vida.
Ana, qué lista, mi niña,

la causante de la risa
de tu madre cada día.
Inteligencia precoz
que a mí tanto me fascina
y que observo rato a rato
eclipsada y sorprendida.
Ana, qué guapa, mi gordita,
con tus mofletes rosados
y esa preciosa sonrisa,
y esos grandes ojos pardos
que se cierran con tu risa
y que alumbran a tu paso
el sendero que caminas.
Ana, perfecta criaturilla.
Con tu boquita preciosa
de labios de rosas finas,
del grosor de los fresones
y el color de la sandía.
Ana, el porqué de nuestras vidas,
el orgullo de tus padres,
un regalo en la familia,
un ejemplo para aquellos
que en temor pudren sus vidas.

Tras nuestra llegada a casa con Anita, Fabio se incorporó al trabajo mientras yo me quedaba en casa cuidando de nuestra hija. Al principio me costó mucho hacerme a mi nuevo papel de madre y ama de casa, ya que, aunque desde primera hora tuve la ayuda de mi suegra, de mi madre y de una asistenta que me echaba una mano con la limpieza, lo de llevar una casa y criar a un niño era un mundo nuevo para mí. Me parecía admirable pensar en todas aquellas madres que sacaban adelante sus casas, a sus hijos y un trabajo por sí mismas. Poco a poco me fui acostumbrando a mi nueva vida de madre de familia. Entre semana todo marchaba de forma más o menos tranquila, pero al llegar el viernes me echaba a temblar, ya que, así como yo iba asumiendo mi nuevo papel a pasos agigantados, ese no era el caso de Fabio. Los fines de semana volvía a su vida de soltero, solo que ya no lo estaba, y salía de fiesta con sus amigos, mientras yo me quedaba en el piso. Sus llegadas a casa de madrugada nos suponían un quebranto y discusiones graves cada fin de semana. Y la cosa no hacía más que ir a peor, puesto que, si nuestra relación era tóxica siendo novios, la convivencia y un bebé de por medio que aportaba cansancio y mucha responsabilidad agravaron la situación.

Por suerte, el problema de las salidas se vio resuelto pronto, al menos temporalmente, debido al trabajo de ingeniero de caminos de mi marido. Este puesto exigía continuos cambios de residencia y nos tuvimos que ir, a los pocos meses de casarnos, a vivir a Málaga. Nos instalamos en la casa que la familia de Fabio tenía allí con nuestra hija. Era una residencia grande, de dos pisos, con un precioso jardín con naranjos y piscina, junto al mar. Cada mañana Fabio se iba a trabajar pronto y ya no volvía hasta la noche. Yo me iba a pasear con Anita por el paseo marítimo y hacia el centro. En los meses de calor nos quedábamos en la piscina o en el jardín de casa tranquilamente. De vez en cuando recibíamos visitas de fin de semana de amigos o familiares que venían a vernos, y eso nos encantaba. Era habitual que los padres y hermanos de Fabio aprovechasen los puentes y las vacaciones para bajar a Málaga y estar con nosotros. Como Fabio es malagueño y vivieron allí hasta que él cumplió dieciséis años, conservaban amigos en Málaga y me sentí arropada durante mi estancia en la ciudad, pero el ritmo de vida era muy tranquilo para mí y muchas veces me sentía sola. Por eso, muchos fines de semana cogíamos el ave o el coche y nos íbamos al campo, al Castañar, a ver a mi familia. Era una alegría inmensa juntarnos todos.

Estuvimos viviendo en Málaga alrededor de un año. Fue un periodo de nuestra vida tranquilo y, aunque las discusiones y nuestra relación no mejoraron, tengo un recuerdo feliz de aquella época. De Málaga nos destinaron a Irlanda, en concreto, a Dublín. Nos instalamos allí tras las Navidades Fabio, Anita y yo. Vivíamos en un barrio residencial, en un piso alto, amplio, con unas vistas muy bonitas sobre un gran parque. En Irlanda los horarios de trabajo de Fabio se complicaron; salía muy pronto por la mañana y llegaba muy tarde por la noche. Algunas noches tenía que pasarlas en la obra, supervisándola, aprovechando la interrupción del tráfico. Mientras tanto, yo dedicaba los días a pasear con Anita —que, por entonces, había cumplido un año— por el parque y a hacer los recados que requería la casa. A menudo llovía y, si no, estaba nublado. Era raro el día que hacía bueno, pero, cuando esto sucedía, el parque se llenaba de gente que se tiraba al sol aunque fuera invierno. Anochecía muy pronto, así que las jornadas se me hacían eternas.

El hermano de Fabio, Gonzu, estaba trabajando en Galway, un pueblo en la costa oeste de Irlanda, y venía muchos fines de semana a vernos. También nos visitaron mis padres y Cas, e hicimos una excursión por Irlanda que nos encantó. En ese viaje les anuncié que estábamos esperando a nuestro segundo bebé. Pasados unos meses de vivir allí, empecé a sentirme muy sola, muy triste y sin ganas de nada. Cada día se me hacía un mundo levantarme, no tenía ilusión por nada, ni siquiera por vivir. Me encerraba en mi cuarto, a escondidas de Anita, a llorar desconsoladamente, y así me pasaba las horas. Transcurrido un tiempo, cuando sentí que no podía más, llamé a mi madre y a mi suegra, y les conté lo que me estaba ocurriendo y me subieron en un vuelo de vuelta a España esa misma tarde con mi hija. Por supuesto, Fabio estaba al tanto de todo lo que me pasaba, pero no sabía qué hacer para ayudarme.

A partir de ese momento entré en una espiral de depresiones que iban y venían y que me acompañaron durante muchos años. Fabio se quedó en Dublín y yo me instalé entre Madrid, en mi antiguo piso de soltera, y el Castañar, al cuidado de Cas y de mis padres. Pasamos meses así, separados. Fabio venía cada viernes a vernos. Yo cogía a la pequeña Anita y lo esperábamos en la puerta de llegadas del aeropuerto. Qué felices nos poníamos cuando lo veíamos aparecer y qué tristeza más grande nos invadía cada domingo cuando íbamos a despedirlo. Fueron meses muy duros. Yo no paraba de vomitar por el embarazo, y eso, unido a mi estado anímico, no hizo sino empeorarlo todo. Me pasaba los días tirada en el sofá o en la cama, sumida en un mar de angustia y melancolía. Mi madre me decía que no entendía lo que me pasaba, por qué estaba triste, si lo tenía todo en la vida. Y lo cierto es que yo tampoco entendía por qué me sentía así.

Pasaron los meses y llegó el verano, y con él las vacaciones. Pero, antes de eso, hicimos una escapada a ver a la Virgen de Lourdes —como era costumbre en mi familia— mi hermana, mi madre, mi tía, mi prima, mi abuela y yo. En mi caso, solo me apunté al plan porque íbamos a parar unos días en San Sebastián. Ahora entiendo que, por medio de todas esas visitas que desde pequeña le hice a Nuestra Madre y que, en ese momento, no valoraba, Ella fue obrando en mi corazón. De vuelta de Lourdes hicimos la parada en San Sebastián, como otras veces. Nos quedamos en el Hotel de Londres, rememorando tantos veranos pasados allí por mi madre y sus hermanos en su infancia y juventud. Y fue en el mar, mientras cogía olas junto con mi tía, cuando decidí que mi segunda hija, a la que le quedaban cinco meses para venir al mundo, se llamaría Matilda María. María, en honor a la Virgen; Matilda, porque, desde que vi esa película de pequeña, siempre me encantó el nombre. También decidí en aquel instante que, pasado el verano, volvería a casa, a mi casa de Madrid, con Anita, aunque en ella estuviera más sola. Era el momento de dar un paso al frente y de afrontar y superar lo que tenía entre manos.

Fuimos muy felices aquel verano, un verano de reencuentro familiar, después de tantos meses separados. Esto me ayudó a ir poco a poco saliendo del hoyo. A la vuelta de las vacaciones hice como me había propuesto y me mudé a nuestro piso familiar de Madrid con Anita, empezando, de esta manera para mí, una nueva etapa. Fabio seguía en Irlanda, ya solo le quedaban cuatro meses para volver a España. Yo me dediqué a prepararme para la llegada de nuestra segunda hija y a recuperarme del bache que había pasado. Matilda María nació un 2 de diciembre, el mismo día que su padre, del 2009. Aún recuerdo las palabras del médico mientras la traía al mundo: «Te ha nacido un Beatle». Lo entendí cuando la tuve en mis brazos. Fue un bebé grande, de 4 kg, rollizo, de esos que da gusto ver. Tenía la piel blanca como el papel, unos enormes ojos negros y una mata de denso pelo oscuro en su cabecita que hacía un contraste muy gracioso en un bebé tan pequeño. Fabio vino para el nacimiento y se instaló en Madrid, poniendo fin a su etapa en Irlanda. Quería prepararse para poder hacer un MBA a comienzos de septiembre; así que, mientras él pasaba los días encerrado estudiando para el examen que le daría acceso a este máster, yo me dedicaba a mi casa y a mis hijas. Fui, poco a poco, haciéndome amiga de madres que tenían niñas de la edad de las mías —la mayoría, mucho mayores que yo—, con el fin de no estar tan sola y tener más planes que hacer. De esta manera, las tardes de parque se hacían mucho más amenas.

Por su parte, mis amigas y Cas seguían viviendo con intensidad su vida, viajes, fiestas, ligues, y siempre que nos veíamos me ponían al día con entusiasmo. Yo a ratos sentía nostalgia y a ratos moría de pereza. Con la vuelta de Fabio a Madrid, los fines de semana volvieron a ser un punto de discordia y una amenaza para la estabilidad familiar siempre que no nos íbamos al campo y nos quedábamos en Madrid. Los amigos lo buscaban para salir de fiesta, lo querían en sus planes, y él se entregaba encantado a estas demandas. Yo me quedaba en casa, temblando y esperando con verdadero temor que llegase la mañana. Nunca sabía lo que me iba a encontrar. Las discusiones fueron siendo cada vez más frecuentes y más fuertes. Y yo estaba cada vez más enfadada con Dios, al que recriminaba y hacía responsable de todo mi sufrimiento.

Pasaron los meses y Fabio consiguió su objetivo de hacer el MBA en el IESE de Barcelona; por lo tanto, en septiembre nos instalamos allí los cuatro para vivir los siguientes dos años. Nuestra vida en aquella ciudad era muy rutinaria y tranquila. Fabio pasaba el día entre la universidad y la biblioteca estudiando, y yo me ocupaba de la casa y las niñas. Anita empezó a ir por vez primera al colegio y, tras dejarla, me daba largos paseos con Matilda por el parque que teníamos debajo de casa.

En Barcelona se vivía de miedo, salvo porque cada fin de semana echaba terriblemente de menos el campo y a la familia. Sin embargo, aprovechamos esta situación para hacer escapadas los cuatro en familia y conocer a fondo Cataluña, en especial Gerona y toda la Costa Brava. Gracias al colegio de Ana, me hice muchas y buenas amigas que, desde el principio, me ayudaron a sentirme como en casa. También entablamos amistad con muchos compañeros de Fabio que, junto con sus familias, se habían instalado en Barcelona para estudiar el mismo máster. Esto hizo que sumáramos amigos de todas las nacionalidades y lugares del mundo, y todo ello fue muy enriquecedor. Cada poco tiempo, como sucedía toda vez que nos íbamos a vivir fuera, recibíamos visitas de la familia o de los amigos, así que eso también favorecía a sobrellevar la distancia. Porque ya se sabe lo que ayuda cuando tienes niños pequeños el tener a la familia cerca.

Desde los primeros tiempos de vivir en Barcelona me esforcé por conocer a fondo la ciudad, en especial el casco histórico, donde se encontraban la mayor parte de las iglesias antiguas de la ciudad. De esta manera preparaba los planes y las visitas para cuando mi madre viniera a verme, pues sabía cuánto le gustaba conocer templos. Asimismo, cogí una especial afición por la lectura, que me hacía matar el tiempo y la soledad. Y fue en una de aquellas iglesias, en su tienda religiosa, donde compré un libro sobre la vida del padre Pío que me tocó profundamente el corazón y sembró en mí una devoción por este santo que ya nunca abandonaría. También ayudó el suceso que narraré a continuación y que me hizo sentirme en deuda con él para siempre.

Unas vacaciones que nos encontrábamos en el Castañar, pues habíamos viajado para ver a la familia, estábamos todos reunidos tomando el aperitivo. De pronto, caímos en la cuenta de que Matilda, que tenía poco más de un año, se estaba ahogando. Se había metido un pico de pan entero y se le había atravesado en su garganta. La cogí rápidamente y empecé a hacerle todo tipo de maniobras para intentar que respirase, mientras observaba, impotente, cómo mi hija perdía el color y la vida. Los minutos pasaban y, por mucho que unos y otros intentábamos reanimarla, nada funcionaba. Con su cuerpecito en mis brazos, aparentemente sin vida, los labios azules, la cara pálida como el papel, lloré amargamente mientras la abrazaba, pensando que había llegado el final, y de repente me vino a la cabeza el padre Pío. Con un último atisbo de esperanza, lancé una súplica al cielo: «Padre Pío, salva a mi hija, te lo ruego». Tras esto, Matilda empezó a respirar y se recuperó con toda normalidad como si nada hubiese pasado. Yo me quedé sobrecogida y le agradecí al padre Pío su intercesión, prometiéndole que, si tuviese otra niña, la llamaría Pía. Ahora, rememorando estas vivencias, me pregunto cómo este hecho no configuró mi vida y me acercó a Dios. Cuántas muestras de amor recibí Suyas y tiré a la basura. Fueron, en resumen, dos años muy felices los que pasamos en Barcelona, pese a que resultaron muy duros matrimonialmente, pues mi marido no terminaba de madurar.

Pasado ese tiempo, volvimos a Madrid y nos instalamos allí. Fabio y yo teníamos un gran deseo de aumentar la familia, pero el tiempo fue pasando y el tan deseado hijo no llegaba. Tras mucha paciencia, al fin llegó la gran noticia de un nuevo embarazo. Estábamos todos felices. Pero pronto vimos que algo no iba bien y, tras ir al médico, me informó de que había perdido al bebé. Qué dolor tan grande sentí. Pasaron las semanas y un buen día, mientras estaba con mi cuñada de compras, sentí un dolor desgarrador en la tripa que me hizo doblarme en dos. A duras penas logré coger el coche y conducir hasta casa, donde Fabio me llevó rápidamente a urgencias. Ahí me confirmaron que no había perdido el bebé, sino que este estaba implantado en una de mis trompas. Tenía un embarazo ectópico. Seguidamente, me informaron de que no había posibilidad alguna de que saliera adelante, a riesgo de que, si el embarazo progresaba, ambos perderíamos la vida: el bebé, por falta de espacio para desarrollarse, y yo, por hemorragia interna. De nuevo, una profunda tristeza me invadió. El médico me ordenó guardar un total reposo, esperando que el embarazo llegase a su fin de forma natural. Sin embargo, los días fueron pasando y, tras cada revisión, me confirmaban que la gestación seguía adelante, hasta que una noche, mientras dormía, me sobrevinieron dolores de parto. Las contracciones eran tan fuertes que sentía que en cualquier momento iba a desmayarme del dolor. Corrimos a urgencias y, tras ingresarme, tuvieron que poner fin al embarazo químicamente. Ojalá hubiese habido otra opción... Me sentí fatal, pues pensaba que había acabado con la vida de mi hijo. Y aun conociendo que era imposible que saliera adelante, sufrí su pérdida con un dolor tremendo; aunque me alivia saber que mi hijo está esperándome en el cielo y que nos volveremos a encontrar, esta vez, para no separarnos nunca más.

Volvimos al punto de partida, y con ilusión y esperanza esperamos la llegada de un nuevo hijo, pero este no llegaba. El tiempo iba pasando y la impaciencia se apoderó de nosotros. Fue entonces cuando decidimos plantearnos el uso de métodos de reproducción asistida. Acudí a un centro a informarme de todo. Primero, me aconsejaron hacerme inseminación artificial, y así hicimos. Pero, tras varios intentos, no hubo resultado. Entonces decidimos hacernos FIV; eso sí, le dije a la doctora que el número de embriones que hiciesen sería el que me implantarían. Dispusimos la fecha para después de las vacaciones navideñas. Para celebrar fin de año, nos reunimos en Málaga, en la casa que tenían allí mis suegros, toda la familia de mi marido. Siempre que íbamos, organizábamos excursiones culturales por los alrededores. Ese año decidimos pasar un día en Ronda, donde uno de mis cuñados tenía un íntimo amigo. La recorrimos de punta a punta y, cuando nos disponíamos a irnos, el amigo de mi cuñado nos invitó a tomar un café en su casa para conocer a su familia. Durante el café nos estuvo contando su abuela, que llevaba toda la vida viviendo allí, la relación estrecha que tenía con las carmelitas descalzas del convento del Corazón Eucarístico de Jesús y nos habló maravillas de ellas. Nos relató que en ese convento veneraban como reliquia la mano de santa Teresa de Jesús y que era muy milagrosa. A mí me llamó mucho la atención, pues ya he contado que desde pequeña la vida de los santos me entusiasmaba, y la interrogué acerca del tema, quedando cada vez más impresionada con la historia. Pregunté si había alguna posibilidad de que nos recibieran las monjas antes de irnos y de poder ver la mano de la santa, y esta buena mujer organizó deprisa y corriendo, no sin dificultades, la visita. Yo llevaba una petición en el corazón que deseaba hacerle a la santa y, cuando entramos en dicho convento y sostuve la mano de santa Teresa con las mías, la besé mientras le rogaba de corazón que me ayudase a concebir un hijo y a que el embarazo prosperase.

Qué bonito el momento que vivimos ese día con las carmelitas descalzas de Ronda. Cuánta felicidad y bondad transmitían. Esto sucedía unos días antes de fin de año, y el dos de enero miraba, atónita y sobrecogida, el test de embarazo que me indicaba que venía otro hijo en camino. Cuántas gracias le di a la santa... «Si es niña —dije a cielo—, se llamará Teresa Pía». Cuánto, por medio de sus santos, atendió el Señor siempre mis súplicas, cuánto me consintió y cómo me guardó de caer en males mayores. Porque hoy comprendo que un niño debe nacer de la entrega de un padre y de una madre. Me amó con una predilección que solo echando la vista atrás y analizando cada etapa de mi vida, como ahora hago, he podido comprender. ¿Cómo no gritar al mundo y contar a los cuatro vientos la misericordia que ha tenido conmigo? ¿Cómo no sentirme en deuda eterna con Él y poner mi vida a su disposición cuando lo he comprendido? Y qué desagradecida y esquiva me mostré siempre con Él, huyendo de sus brazos cada vez que me estrechaba entre ellos.

Nueve meses después venía al mundo Rafael Roque. Siete años lo separaban de Matilda. Lo llamamos Rafael por mi padre y Roque porque nació el día de este santo, que siempre había llamado mucho mi atención. Os podéis imaginar la alegría e ilusión que trajo este niño a la familia, con lo esperado y deseado que había sido. Tengo que confesar que estaba segura de que sería una niña y me sorprendí al enterarme, pero el que viniese un varón fue una novedad muy festejada. Rafael nació un 16 de agosto del 2016, tres semanas antes de lo normal, pues era mi tercera cesárea y así fue programada por el médico. Fue un bebé pequeño y delgado en comparación con sus hermanas. Tenía unos oscuros ojos negros y escudriñadores que, cuando sonreía, se achinaban y, como decía mi madre, le sonreía el alma. Y dos hoyuelos, uno a cada lado de la cara, que aparecían a la mínima muestra de alegría. Aunque fue siempre un niño serio y de carácter muy fuerte que, cuando se enfadaba, era un polvorín. Mi hermana Casilda se había instalado también en Madrid y había emprendido un negocio de bisutería que vendía *online* y en mercadillos. Cuando hubieron pasado unos meses del nacimiento de Rafael, mi hermana decidió abrir su primera tienda física en Sevilla y, al cabo de unos meses, hizo lo mismo en Madrid. Me puso al mando de la tienda de Madrid y fue el primer trabajo que tuve. He de decir que esto marcó un antes y un después para mí; me hizo muy bien a nivel emocional.

6

Encuentro
con el amor de Dios

Con nuestra nueva y, al parecer, definitiva vida en Madrid, nuestros tres hijos en el colegio, un trabajo estable, mi hermana a mi lado de nuevo y recién instalados en nuestra nueva casa, parecía que íbamos a tener un tiempo sin novedades. Pero pronto llegó otra de las mejores sorpresas de mi vida: volvía a estar embarazada, de mi cuarto hijo. Qué feliz fui esperando la llegada de este hijo mío, el que presentía que sería el último, porque Fabio me aseguraba que no tendríamos más y porque el médico me amenazaba con que otra cesárea podría matarme. El embarazo nos pilló a todos por sorpresa: a mi marido, que pensaba que nuestra familia era ya la definitiva; a mi hija mayor, que con doce años ya no esperaba más hermanos; a todos nuestros amigos y familiares... Creo que las que esperábamos con más ilusión a este nuevo bebé éramos Matilda, que a sus diez años llevaba pidiéndole a Dios un nuevo hermano desde que nació Rafael, y yo, que siempre había deseado tener, al menos, cuatro hijos.

Fabio Manuel nació un 12 de septiembre de 2019, día del Dulce Nombre de María, y este hecho fue festejado por mi madre y enterneció mi corazón. «Qué día tan bonito para nacer —pensé—, tendrá siempre a la más poderosa intercesora velando por él y cuidándolo». Fue un bebé que, a pesar de venir al mundo en la semana 38, nació grande y rollizo. Era como un muñeco, de facciones perfectas, proporcionadas, los labios gorditos y delineados, y unas largas y oscuras pestañas sobre esos ojos grandes que al nacer fueron azules y luego tornaron a verdes. Yo lo miraba y me hacía volver doce años atrás, cuando contemplaba a mi hija mayor. Y es que se parecía tanto a ella... Entonces, solo en el físico, pero con los años fui descubriendo que en muchas cosas más. A cada una de mis hijas las hice encargadas de un hermano. De esta manera, Ana cuidaba de Fabio, pues era la mayor y el pequeño requería una gran responsabilidad. Y Matilda, de Rafael. Cuando había que echar una mano en casa o salíamos de excursión o de viaje, cada una ayudaba así.

A los pocos meses de nacer Fabio, llegó el COVID-19, la pandemia mundial y todo lo que acarreó, y en marzo, previendo que nos iban a encerrar en casa, llamé a Casilda y le dije: «Cas, van a cerrar Madrid, yo no voy a esperar a que pase, yo me voy hoy mismo al Castañar con los niños». Y así hicimos, las dos familias, junto con varios tíos y primos más con sus respectivas familias, escalonadamente y antes de que nos encerrasen en las casas, fuimos llegando a nuestro Castañar querido, donde nos aguardaban felices y entusiasmados mis padres y mis abuelos. Nos instalamos en un complejo de casitas que se usaban para alojar a los cazadores que venían a cazar a la finca, para no poner en riesgo a nadie. Fuimos unos auténticos privilegiados por poder estar todos juntos, en el campo, y vivir esa pesadilla parte de la familia unida.

Al poco tiempo de instalarnos allí, mi abuela empezó a encontrarse mal. Ella, que rara vez caía enferma, que era un roble, a la que nunca había visto mal, en pocos días quedó postrada en la cama, con una tos que la ahogaba, le impedía respirar y le iba quitando las fuerzas y la vida. El miedo surgió, y cierta histeria al contagio se fue extendiendo. Parecía que el virus había llegado también al Castañar. Una prima y yo nos ocupábamos de atenderla y estar a su lado; mi padre y mi tío iban y venían nerviosos. Y en cuanto a mi abuelo, el corazón se nos estremecía contemplándolo. Se pasaba los días sentado junto a la cama de mi abuela, con sus fieles perros echados a sus pies, callado, mirándola, apagado, abatido, como al que se le está yendo la vida al ver cómo la pierde la persona a la que ama. Mi abuela se moría y no podíamos hacer nada. Echada en su cama, con los ojos cerrados, sin comer, ni beber, ni comunicarse de ninguna manera. Qué impotencia sentíamos. Mi tía, la que vive en América, había llegado pocos días antes ante la gravedad de la situación; todos esperábamos lo peor. Y, de pronto, un día, empezó a volver muy poco a poco en sí. Y cuando pudo hablar, me sobrecogió lo que me dijo: «Anita, he visto una luz inmensa. Un niño me tenía cogida de la mano y me llevaba hacia ella. Anita, ahora he conocido a Dios. ¡Si supieras el amor que he sentido! No había sentido algo así nunca». Y es que mi abuela siempre contaba que le habían enseñado la religión como si todo en la vida fuera un pecado e ir al Cielo resultara una misión imposible. «Ahora ya puedo morirme tranquila», repetía. Pero Dios tenía otros planes para ella, porque, cuatro años después, sigue vivita y coleando. Me impresionó mucho esta confesión de mi abuela, ya que es una mujer poco dada a sobrenaturalizar las cosas y algo escéptica con lo místico.

Fueron días muy tristes, donde todos perdimos seres queridos y donde íbamos viendo con el paso de los días cómo, aleatoriamente, unos se contagiaban y otros no, unos conseguían hacer frente al virus y otros nos dejaban. Me hizo reflexionar mucho sobre la vida y, mientras mi abuela estaba rodeada de nosotros y bajo nuestros pobres cuidados, se me rompía el corazón pensando en todas aquellas personas mayores que pasaban los últimos momentos de su vida enfermos y solos, y en todos aquellos familiares que no podrían abrazarlos por última vez. Pero, a pesar de su lado malo, esos cuatro meses en el Castañar volvimos a nuestra infancia, todos juntos, como en nuestra niñez, compartiendo desayunos, comidas, horas del té y cenas. Pícnics en la sierra, baños en el arroyo y en el pantano, paseos a caballo y en bicicleta. Noches de guitarra, vino y cantos en la chimenea. Y muchos cafés a media mañana en el jardín de la Casa de Rojas, la casa de los cazadores. Creo que Dios quería de alguna manera volver a ligarme a la tierra toledana que me vio crecer y de la que tan desapegada estaba ya.

Cuando levantaron el confinamiento era ya verano. Llegó el momento de despedirnos, pero ¡qué difícil fue!, en especial para los niños, que se habían hermanado. Nos dijimos adiós con mucha pena pero muy agradecidos, ya que, en medio de una situación tan terrible, habíamos sido muy afortunados. Mi fe por aquel entonces estaba en punto muerto y, salvo algún domingo que mi marido me arrastraba a misa por mis hijos —no sin antes tener una buena discusión por ello—, me escabullía siempre que podía. Con la confesión ocurría lo mismo: procuraba confesarme una vez al año, por Pascua, más por tradición que por otra cosa, aunque intentaba evitarlo siempre que podía. No le encontraba ningún sentido a soltarle mis intimidades a un señor cuando había varios pecados a los que no estaba dispuesta a renunciar. En aquel entonces, mi hermana Casilda había empezado a prosperar en el mundo de las redes sociales. Tenía una cuenta en Instagram (@casildafinatmc) muy divertida donde, además de mostrar su día a día de forma muy natural y alocada, tal y como era ella, hacía publicidad de los productos de bisutería que vendía en sus tiendas. Esto hizo que, por un lado, su negocio fuera prosperando y, por otro, que ella fuera cogiendo fama como *influencer*.

Tras las fugaces vacaciones veraniegas, empezó el nuevo curso. Todos estábamos deseando, en especial los niños, que ya tenían ganas de volver al colegio y ver a sus amigos. Pero el curso no empezó bien para todos. Ana, mi hija mayor, que por aquel entonces contaba con doce años y tenía el mismo grupo de amigas desde los tres, un grupo grande y unido, con el paso de las semanas, notó que algo no iba bien. Primero, la exclusión de algunos planes, unas amigas que le hablaban poco, unas burlas lideradas por unas, seguidas por otras y aprobadas con el silencio de las demás. Después, llegaron los insultos y el rechazo de casi un curso entero de niños. Y digo casi porque hubieron algunos que iban a lo suyo y tres valientes que se mantuvieron firmes junto a ella, y estoy convencida de que fueron su salvación, sus ángeles de la guarda, pero lamentablemente estaban en otra clase. Qué sufrimiento como madre recibir los mensajes de mi hija desde el colegio en los que me relataba los insultos y las burlas, y compartía conmigo su desesperación y su dolor. Qué impotencia más grande sentía yo, que deseaba con todo mi corazón poder ser ella para ayudarla a defenderse; hubiera querido hacerme pequeña y acompañarla en el colegio. Cuántas cosas me pasaban por la cabeza... Qué doloroso fue presenciar cómo cada mañana, al despertarla, entre llantos me pedía, me rogaba, que no la obligara a ir al colegio. Y también lo fue acudir a las madres de esas niñas, a la dirección de ese colegio, angustiada, buscando ayuda, y no encontrarla.

Mi hija acabó por enfermar, y yo también. Preocupada por todo este asunto, sin saber ya qué hacer, sintiéndome totalmente incapaz y sin fuerzas, un día salí a la calle sintiendo que me faltaba el aire y, mientras caminaba sin rumbo, fui a parar a las puertas de una iglesia, cerca de casa. Al igual que aquella vez en América, cuando corriendo sin destino, con el corazón hecho pedazos, acabé en la casa del Padre, donde le lloré amargamente. Entré, me senté en un banco y lloré en la penumbra. Le dije al Señor que se lo dejaba todo a Él, que ponía a mi hija en sus manos, porque yo ya no podía hacer más. Estaba absolutamente desesperada, y ese era el último cartucho que tenía, el Señor. ¡Qué tonta era y qué ciega estaba! Decidimos sacar a mi hija del colegio a mitad de curso, pues el acoso no cesaba, y la mandamos a un internado en Inglaterra. Esta idea le hacía mucha ilusión. Pero, antes de irse, le organicé un fin de semana en el Castañar con sus tres amigas del colegio y un primo de una de ellas, de la misma edad, con sus amigos, cuyas madres conocía yo. Se hicieron todos íntimos amigos, una amistad que aún hoy prevalece. También ellos fueron ángeles que puso el Señor en su camino. Estuvo en el colegio de Inglaterra hasta verano y fue muy feliz allí. Para nosotros fue un grandísimo alivio verla bien.

Para el siguiente curso todos mis hijos empezaron en un nuevo colegio. Ya se sabe que los comienzos cuestan, y más cuando llevas encima el temor al rechazo, a no encajar, a revivir situaciones. Ahora, sacando de todo su lado bueno, veo que este sufrimiento que pasamos nos ha hecho estar más unidos, formar una verdadera piña, ser más fuertes, más humanos, más sensibles al dolor ajeno. Nos hizo, como familia, darnos cuenta de la inmensa importancia de educar a los niños desde pequeños en la caridad con el prójimo, con el débil, con el que sufre, con el que está solo. Enseñar a respetar, a ser valientes y a ir a contracorriente, aun cuando para ello tengas que salir de tu zona de confort y arriesgarte a dejar de gustar a muchos. Como decía santa Teresa de Calcuta, «si no vives para servir, no sirves para vivir». Cuántas veces a lo largo de nuestra vida tendremos que decir que no, tomar un camino diferente al que la mayoría tome, dar un paso al frente ante las injusticias del mundo.

Como he dicho anteriormente, mi hermana Casilda compaginaba la dirección de su empresa de bisutería con su faceta de *influencer*. A esas alturas había acumulado cientos de miles de seguidores en sus redes sociales y las marcas la contrataban para dar publicidad a sus productos. Esto le había hecho adquirir fama y hacerse un personaje conocido. Como parte de su día a día que era yo, empezó a sacarme en sus redes, y lo cierto es que —nunca he conseguido entenderlo— causaba mucha simpatía a sus seguidores, que le pedían que me sacara más. Les llamaba mucho la atención mi manera de hablar, les gustaba y les atrapaba, como decían ellos, y teniendo en cuenta los problemas que me había causado este tono de voz en el pasado, eso fue algo que llamó mucho mi atención. De esta manera pasé a ser un personaje asiduo en su perfil de Instagram. Casilda me trasladaba el deseo de sus seguidores de que me hiciese una cuenta pública, esto quiere decir abierta, para que todo el mundo pudiese seguirme sin restricción, pues yo tenía redes sociales, pero eran privadas y solo contaba con amigos y conocidos entre mis seguidores. De entrada, me negué rotundamente a meterme en ese mundo. Me parecía aterrador abrir mi vida a desconocidos, eso por un lado. Y por otro, me resultaba pretencioso pretender interesar a gente que no conocía. Mi hermana insistía en que, llamando la atención de la gente de las redes como la llamaba, era una pena que no me metiera en ese mundo y me fuera dedicando a ello, pues estaba segura de que me iría bien y podría ganar un dinero.

Un día, cansada de mis negativas, Casilda me creó a escondidas una cuenta pública y fueron sumándose seguidores con rapidez. El número crecía con el paso de los días. Y tengo que decir que esto me animó a lanzarme a experimentar dentro de esta nueva faceta. Comencé a subir contenido, primero de vez en cuando, luego diariamente y después varias veces por día. Entre «Me gustas», comentarios halagüeños y el suma a suma incesante de seguidores, mi ego fue creciendo a la vez que las redes me iban atrapando poco a poco. Empecé a vivir mi vida a través de la pantalla del teléfono, pues quería grabarlo y fotografiarlo todo, retransmitir cada cosa que hacía, pues, como me decían, a más actividad en redes, más seguidores y éxito obtendría. Además, para gustar más, debía vestir a la última, salir siempre guapa, estar constantemente feliz, ser divertida, buena madre, una mujer trabajadora, independiente, de éxito, fuerte, empoderada y, por supuesto, políticamente correcta siempre: no mojarme ni tocar ciertos temas, como la política, la religión, etc.

De una vida totalmente normal, como la de cualquier persona, con sus días mejores y peores, y las preocupaciones y quebrantos que todos tenemos, solo mostraba lo bonito, lo bueno, lo dulce, es decir, lo atractivo. Con el tiempo me di cuenta del daño que todo esto puede hacer a tanta gente que, engañándose, pensará que su vida no merece la pena o que se ha equivocado haciendo las cosas, comparando su rutina con lo que ve en muchas cuentas de redes sociales. Primero, nunca hay que compararse, cada familia y cada persona es un caso único e irrepetible. Segundo, ninguna vida es perfecta. Hay subidas y bajadas, hay piedras por el camino, hay tropezones. Caeremos por los suelos muchas veces; unos ascensos serán más difíciles que otros, y la carga será unas veces más pesada que otras. La diferencia estará en la actitud con que recorramos el camino y la compañía que llevemos. No es lo mismo caminar con alegría, aunque la carga resulte pesada y el camino sea estrecho y pedregoso, con la compañía de un fiel compañero que se agache siempre y te ayude a levantarte, que hacerlo solo, echando continuamente la vista sobre tu hombro con amargura, compadeciéndote de la mochila que llevas.

En el trascurso de poco tiempo acumulé un buen número de seguidores y una gran actividad en mis redes sociales, lo que desencadenó que las marcas empezaran a interesarse por mí. De esta manera, con el paso de los meses fui adquiriendo contratos y ganando dinero de manera fácil y, para mí, entretenida. El tándem de las mellizas Finat tenía mucho éxito. Me sumergí poco a poco en ese mundo. Íbamos Cas y yo juntas a eventos, nos contrataban marcas para viajes en los que lo pasábamos bomba y encima nos salían gratis. Me regalaban ropa, peluquería, manicura, planes… Nos reconocían por la calle y nos paraban, y esto empezó a subir mucho mi ego, y mi soberbia y mi vanidad se dispararon. Mi orgullo, también.

Mi marido y yo teníamos muchas discusiones en las que él me pedía más atención y hacer planes juntos, pero yo, profundamente herida por el pasado por un lado y centrada en mi nueva vida por otro, no lo escuchaba. Era incapaz de ver que él había cambiado y que era todo cuanto yo necesitaba. Había dejado de lado mi matrimonio, lo había aparcado y desterrado al último lugar. Y aunque lo tenía aparentemente todo en la vida —fama, dinero, una familia, un hogar—, me asaltaba a menudo un sentimiento de vacío inmenso junto con una reflexión: «En el final de mi vida, cuando eche la vista atrás, ¿qué habré hecho por los demás? ¿Qué recuerdo voy a dejar a los míos?». Pero me quitaba esas elucubraciones de la cabeza rápidamente y seguía a lo mío.

En ese mundo de las redes sociales había hecho nuevos y buenos amigos con los que, como es evidente, pasaba bastante tiempo, ya que compartía eventos, fiestas y viajes con ellos. Habían pasado a formar una parte importante de mi vida. Con tanta actividad social y de trabajo, les privé a mis hijos y a mi marido de pasar más tiempo conmigo, pero yo en aquel momento ni me daba cuenta ni me importaba, absorta como estaba en esa vorágine de novedades y diversión. Me sentía realizada. Y digo realizada porque yo, que fui madre con veinte años y tomé la decisión de seguir a mi marido de ciudad en ciudad por su trabajo y dedicarme exclusivamente al cuidado de mis niños, fui durante muchos años objeto de sorna de algunas amigas mías, que me miraban compadecidas y me preguntaban cómo podía sentirme satisfecha sin trabajar. Yo siempre les respondía que a mí lo que me hacía sentirme realizada era estar con mis hijos y verlos crecer, pero, a fuerza de tanto oírlo, supongo que en mi interior debió de quedar alguna duda. Por lo tanto, en ese momento de mi vida me sentía triunfante, con un trabajo en la empresa de mi hermana que compaginaba con mi labor de *influencer*, mientras que, por el contrario, la familia pasó a un segundo lugar. Porque, en el mundo de hoy, nos quieren vender que el éxito está en lo profesional, y yo me lo creí.

Las vacaciones de verano habían llegado. Ya teníamos las maletas hechas y al día siguiente pondríamos rumbo al sur. Pero, antes de irnos, aquella última noche en Madrid, tenía una fiesta de una importante marca de cosméticos junto con Cas. Tras la fiesta, nos invitaban a dormir en uno de los hoteles más lujosos de Madrid. A la fiesta acudieron algunos buenos amigos de este mundillo, entre ellos, un matrimonio a los que apreciábamos de forma especial. La fiesta fue espectacular, como esperábamos. Un aperitivo de recibimiento en el lujoso hotel ya mencionado, una visita privada al Museo del Prado, un paseo por el Jardín Botánico, especialmente decorado y cerrado para nosotros, y, como colofón final, una cena en el Real Observatorio de Madrid, que habían decorado con un espectáculo de luces precioso, un telescopio que te permitía tener la luna al alcance de la mano y un menú especialmente diseñado según el signo del zodiaco de cada uno. Lo pasamos en grande y, al terminar la noche, nos fuimos los cuatro juntos —las mellizas y el matrimonio amigo— al hotel donde, como parte del evento, nos invitaban a pasar la noche.

Decidimos juntarnos todos en un mismo cuarto para charlar y ponernos al día mientras cenábamos algo que pedimos que nos subieran a la habitación. Tras compartir la cena y los planes que teníamos de verano, nuestro amigo adoptó un gesto grave y nos dijo que quería confesarnos algo que para ellos había sido muy importante, una experiencia que habían vivido recientemente y que, según decía, les había cambiado la vida. Casilda y yo nos miramos intrigadas y sorprendidas, deseando que arrancase ya con la información. Miré el reloj, se había hecho tarde y mañana tenía que meterme siete horas de coche a primera hora de la mañana con los niños hasta Sotogrande, más me valía que la noche no se alargase más de la cuenta. Cuando por fin comenzó a hablar, nos dijo que iba con regularidad a una parroquia cerca de donde vivía... «Lo que faltaba —pensé—, un rollo religioso a estas horas». Pues bien, resulta que nuestros amigos habían empezado a ir una parroquia de Madrid, por medio de la cual habían conocido al sacerdote de esta, que a su vez se había hecho muy cercano a ellos, hasta convertirse en su director espiritual. Y resulta que este buen sacerdote los había invitado hacía unos meses a hacer un retiro espiritual católico que se llamaba Seminario de Vida en el Espíritu, donde se proclamaba con fuerza el mensaje esencial de la fe y, en un ambiente de sencillez y cordialidad, se alababa al Señor pidiendo la venida del Espíritu Santo, así como la sanación y un segundo bautismo, que es una renovación de la gracia de este sacramento y de todos los demás, y mediante el que se produce un avivamiento en la vida de la fe y en la caridad.

Escuché escéptica todo lo que ellos contaban. Conforme nos iban detallando cómo fue desarrollándose el seminario que habían hecho, yo me iba afianzando en la idea de que mis amigos habían perdido la cabeza y habían sido abducidos por una secta. No podía dar crédito a todo lo que nos estaban diciendo. Un miedo extraño recorrió mi cuerpo. El relato concluyó con lo siguiente: «Por fin hemos aprendido a ver a Dios en cada aspecto de la vida, a vivir con Él en el centro». A mí todo esto me llamó la atención; primero, por el entusiasmo con el que contaban todo y lo felices que se les veía con el hallazgo que habían hecho, y segundo, porque me parecía imposible eso de «ver a Dios» en ninguna parte, pues, como ya he dicho anteriormente, para mí era un ser lejano, casi imaginario, vengativo, que imponía muchas normas que debíamos cumplir para no ser castigados.

Tan pronto como terminaron nuestros amigos de hablar, mi hermana irrumpió con un «Pues Ani y yo lo queremos hacer también». «¿Perdona, Cas? Ani no quiere hacer ningún retiro, pero mucho menos esa cosa rara. Que ya me he tragado otros y no sirven para nada», le casi escupí. Y la cosa quedó así, al menos aparentemente para mí. Y digo aparentemente porque Casilda, haciendo de las suyas, nos apuntó en secreto al día siguiente con nuestros respectivos maridos a la siguiente fecha de dicho retiro. Pasó el verano sin novedades y, terminando el mes de agosto, mi marido, compinchado con Casilda, me anunció que en un par de fines de semana asistiríamos a ese retiro. Yo, enfurruñada, le juré y perjuré que no volvería a pasar otro fin de semana de mi vida rezando y escuchando sermones de curas, aunque me llevasen encadenada; menuda pérdida de tiempo. No obtuve réplicas, por lo que creí haber salido victoriosa; sin embargo, pasadas dos semanas, estaba yo un viernes preparando los petates, dispuesta a emprender, como cada fin de semana, nuestra marcha al Castañar, cuando Fabio me anunció que donde íbamos era a hacer el Seminario de Vida en el Espíritu. No tenía escapatoria. Enfadada y de mal humor, emprendimos nuestro viaje junto con Casilda y su marido, rumbo a la casa

143

de ejercicios donde tendría lugar este nuevo retiro que tanto nos habían prometido que cambiaría nuestras vidas. Cuando llegamos, varias personas nos reconocieron, pues nos seguían en las redes sociales. «Lo que faltaba —pensé—. Pero ¿qué hago aquí?». Tras acomodarnos, fuimos a la capilla, donde era la reunión inicial. Llena de rabia, pensé en aquello que más imposible se me hacía en aquel momento de mi vida y, desde lo más hondo de mi corazón, le lancé un órdago a Dios: «Aquí me tienes —le dije—. Ahora, si tienes narices, arregla mi matrimonio». El primer día de retiro lo pasé como quien ve transcurrir el tiempo en una sala de espera, si bien es verdad que en alguna ocasión me sorprendí y pasé cierto temor, como cuando el viernes por la noche un sacerdote se me acercó y me dijo: «El Señor quiere volcarse contigo». Creo que esto me puso en alerta y decidí cerrar compuertas y ponerme en modo precaución, así que en las charlas y demás yo desconectaba y echaba mi mente a volar, mientras daba continuas vueltas en mi interior a la idea de largarme de allí.

El sábado por la noche, después de la cena, nos reunieron a todos de nuevo en la capilla para hacer una oración de sanación sobre cada uno de nosotros. Cuando llegó mi turno, me di cuenta de lo nerviosa que estaba. Me acerqué con determinación e intentando aparentar indiferencia. Cuando comenzó la oración de sanación por mí, empezó a invadirme un amor que mi cuerpo era incapaz de contener, que me desbordaba. Sentía que me iba a estallar el corazón de tanto amor. Una voz me hablaba desde el interior y me decía: «Este soy Yo». Un fuego y un calor me consumían por dentro. Nunca había sentido ni conocido nada igual, nada tan bonito, nada tan verdadero, nada que llenase tanto. La voz me hablaba al corazón diciéndome: «Te amo tanto... Para mí eres valiosa, para mí eres un tesoro, te necesito, ¡vamos, toma mi mano, vamos a empezar de cero! No me importa tu pasado, no me importa lo que dejes atrás, yo todo lo hago nuevo».

Sentí como si miles de pequeñas escamas se desprendiesen de mis ojos, unas escamas que me habían dejado ciega para ver lo verdadero e importante, y al fin descansé. Una paz inmensa e indescriptible se apoderó de mí. Por fin era libre. Cuando terminó el Seminario de Vida en el Espíritu, yo era otra. Jesús me había robado por completo el corazón y una sola idea rondaba mi cabeza: no volver nunca a separarme de Él. Pero, para llevarlo a cabo, tendría que hacer cambios en mi vida. Me conocía y sabía que, si volvía a mi rutina de antes, a lo mismo, acabaría por perderme de nuevo. Lo primero que hice fue enterarme de dónde se reunía el grupo que había organizado este Seminario de Vida en el Espíritu para alabar a Dios. «Si yo Lo había conocido por medio de la alabanza —pensé—, quizás ese debía ser el camino a seguir». De esta manera, empecé a asistir sola a esas reuniones, ya que Casilda y nuestros maridos volvieron a sus vidas de antes. En estas nos juntábamos para adorar a Dios una vez a la semana. Primero, volví poco a poco a retomar la confesión hasta ir haciéndolo con regularidad, descubriendo lo sanador que era este sacramento, cómo limpiaba y curaba mi corazón cada vez que acudía a él. También volví a ir a misa los domingos y, con el tiempo, empecé a hacerlo con gusto, aprendí a disfrutar de ellas. Pasaron a ser mi rato de intimidad, amor y confesiones con mi Jesús. En la misa Él me hablaba por medio de las lecturas, por voz del sacerdote. Si abría los oídos y estaba atenta, podía recibir el mensaje que tenía para mí. Y luego, en la comunión, me daba mi abrazo, me mimaba, me consentía.

Con el paso de los meses, el ir a misa todos los días se hizo para mí imprescindible. Era mi medicina diaria, mi vitamina, lo que impulsaba mi día, lo que me daba fuerzas para todo. Dejaba a los niños en el colegio y me iba a misa antes de comenzar la jornada laboral. En casa notaron un cambio importante en mí, no solo porque me veían ir a misa, rezar y hablar de Dios en casa, sino porque me había vuelto mucho más cariñosa y les dedicaba mucho más tiempo. Además, con el corazón lleno de amor por Dios como lo tenía, no podía sino proclamarlo a los cuatro vientos, de modo que empecé a publicar cosas religiosas en mis redes sociales. Ahora Jesús era el Rey de mi vida y de mi corazón, y todo lo mío le pertenecía. Pero no iba a ser tan fácil, pues el cambio que estaba viviendo yo no lo estaban experimentando los de casa. Así que pronto empezó el cuestionamiento: «No te conozco», «Te has vuelto una monja», «Estás rarísima», «Te has metido en una secta», «Eres una pereza»... Frases que provenían de cuantos me rodeaban. Como digo, no solo en mi casa habían percibido el gran cambio que había dado, también en el Castañar el resto de la familia, los fines de semana, lo habían ido percibiendo. A menudo mi familia me preguntaba que qué me pasaba y me decía que ya no era la de antes, pero lo cierto es que no entendía por qué me hacían todas esas preguntas, pues yo era más feliz que nunca.

Mi madre, emocionada, se había dedicado a pregonar en el Castañar que habíamos hecho un retiro espiritual. Por ello, el primer fin de semana que nos juntamos toda la familia allí después de nuestra experiencia, estábamos todos, una vez finalizada la misa del domingo, sentados en el jardín tomando el aperitivo cuando nos interceptó el sacerdote. Nos dijo que nuestra madre le había contado que habíamos hecho un Seminario de Vida en el Espíritu y se interesó por ello. A nosotras nos extrañó que un sacerdote de un pueblecito de Toledo supiera lo que era aquello. Entonces, riéndose, nos dijo que en Toledo hacían muchos de esos retiros espirituales llamados Seminarios de Vida en el Espíritu y que organizaban unas alabanzas brutales. Me pareció todo de lo más surrealista. Luego continuó contándonos que precisamente estaba organizando uno de estos retiros para gente pobre y que, para ello, necesitaba recolectar una suma de dinero. Nos pidió que le echáramos una mano a través de nuestras redes sociales y accedimos de buena gana.

A dos días de dar comienzo este Seminario de Vida en el Espíritu para gente necesitada, nos quedaba aún por recaudar dos mil euros, si bien habíamos conseguido reunir una buena suma. Diosidades, me gusta decir a mí, al día siguiente, habíamos recibido una transferencia de una persona anónima de Nueva York con los dos mil euros que nos faltaban. Nos quedamos alucinando. El seminario se llevaría a cabo durante el puente de la Constitución, casualmente, en una casa de ejercicios muy cerca del Castañar. Llegó el día, y mi hermana Casilda, que es la que se había ocupado de la campaña de recolección de dinero y de hacer de interlocutora entre la asociación que cuidaba de los necesitados y nosotras, nos dijo a la hora de la cena que le habían pedido que nos acercásemos allí para conocernos. Nadie, salvo mi madre y yo, accedió a acompañarla. Cuando llegamos, no sabíamos muy bien lo que hacer, pues no conocíamos a nadie. Por suerte, estaban aún en el comedor, pues seguían cenando. El sitio estaba lleno de sacerdotes y de familias con niños de todas las edades. Al terminar la cena, salieron a darnos la bienvenida. Era una gente encantadora, y me llamó mucho la atención su alegría y cercanía.

Al día siguiente, Casilda volvió a pedirnos que la acompañásemos a visitar el seminario y allí nos fuimos. Cuando llegamos, había comenzado ya una charla impartida por un sacerdote y nos metimos a escucharla. Al poco tiempo empecé a ponerme nerviosa; miré a mi hermana y supe al momento que ella también lo estaba. «¿Qué hago aquí escuchando a este cura? Menudo rollo, si yo este retiro ya lo he hecho... Casilda, yo me voy», le dije. Me levanté, y mi hermana y mi madre hicieron lo mismo, dispuestas a seguir mis pasos. «Rápido, que no nos pillen yéndonos». Ya estábamos metiendo el pie en el coche cuando una voz femenina nos sobresaltó en el aparcamiento. «¿Dónde vais?». «Mierda, pero si el aparcamiento estaba desierto». Nos giramos entre risitas nerviosas y había allí una mujer que nos miraba con una misteriosa sonrisa. «Es que tenemos que irnos a comer ya». «No, no, tenéis que quedaros, que ahora viene la enseñanza más bonita». Así que nos arrastró dentro de nuevo. Pero, una vez en el interior de la casa, yo, terca como era, me rebelé y salí disparada hacia la sala donde todos los niños pequeños jugaban bajo la supervisión de monitores mientras sus padres asistían a las enseñanzas. «Yo me quedo aquí —me dije a mí misma—, pero no escucho una charla más». Entonces entró la misma mujer y me insistió en que no me perdiese la enseñanza, que era sobre el Señorío de Cristo, que la iba a dar un tal Santi. «Pues vale —pensé—, como si la da el papa», y la ignoré, quedándome con los pequeñuelos, que me lo estaban haciendo pasar en grande.

El retiro resultó todo un éxito. Fue un auténtico regalo vivirlo con los más necesitados, los pobres de Dios, sus predilectos. Supuso toda una lección verlos alabándolo y poniendo en Él toda su confianza y sus vidas; presenciar la fuerza y el fervor con que rezaban los unos por los otros. Pero la mayor enseñanza fueron sus historias. Compartir experiencias con esa gente maravillosa que se dedicaba a cuidar de los más necesitados fue muy gratificante. Ellos nos contaban que se habían dado cuenta de una cosa: a lo largo del tiempo habían estado ayudando a mucha gente necesitada —los sacaban de las calles, de situaciones difíciles, de adicciones—, evitando así que fueran excluidos socialmente; sin embargo, también habían entendido la importancia de concederles una riqueza espiritual, de poner al alcance de la mano de los más pobres los retiros espirituales y darles la oportunidad también a ellos de conocer a Dios. Así que ese fin de semana tuvimos una idea. Por un lado, habíamos comprobado lo fructífero que había sido para todos nosotros compartir con los más desfavorecidos la experiencia y, por otro, fuimos conscientes de lo difícil que era reunir el dinero, pero queríamos que estos seminarios se empezaran a hacer con cierta regularidad. Por tanto, acordamos lo siguiente: haríamos unos retiros compartidos, en los que la gente pudiente pagase su plaza y la de una persona necesitada, y vivirían juntos la experiencia. Compartirían el desayuno, la comida, la cena…, todo el fin de semana y, con ello, sus vidas, sus historias, enriqueciéndose los unos de los otros.

Aquel día, en esa casa de ejercicios cercana al Castañar, nació la Familia Anawim, lo que con el tiempo sería una asociación privada de fieles de la Archidiócesis de Toledo que busca anunciar el amor misericordioso de Dios a todos los hombres —especialmente, a los más pobres, a los que se encuentran solos, a los que están heridos por cualquier causa— y de la que mi hermana Casilda y yo formamos parte. Durante ese fin de semana conocí a algunos buenos sacerdotes que fueron rompiendo los muros que había puesto a lo largo de mi vida entre ellos y yo. Pude hablar con ellos, me parecieron cercanos, amables, atentos, y me gustó mucho ver cómo cuidaban de los más necesitados, eso me tocó el corazón. Después de todo aquello, mantuve el contacto con algunas de las personas que allí conocí y que, con el tiempo, se convertirían en una parte muy importante de mi vida espiritual, como aquella mujer del aparcamiento que impidió que nos fuéramos y a la que siempre estaré agradecida por ello.

En el mes de febrero fue precisamente esta amiga la que me invitó a participar en una peregrinación para familias al Santuario de la Virgen de Fátima, en Portugal. Como yo seguía en casa mi lucha solitaria contra el mundo, sufriendo los embistes de la familia por mi acercamiento a Dios, pensé que nos haría bien ir todos juntos, así que embarqué a mis hijos y a mi madre en esta nueva experiencia y nos aventuramos rumbo allá. No era la primera vez que visitábamos a la Virgen de Fátima, pues ya he contado anteriormente que teníamos la costumbre, desde pequeñas, de hacer un viaje familiar al año a Lourdes que, cuando fuimos jóvenes, ampliamos también a Fátima, pero nunca lo habíamos hecho siguiendo una peregrinación organizada y acompañadas por sacerdotes. Estoy segura de que en ese viaje la Virgen me aguardaba con un regalo que iba a terminar de cambiar mi vida de fe. Y es que allí conocí a mi director espiritual y empezó nuestro caminar juntos hacia el Cielo.

Llevaba algún tiempo con la llamada en el corazón de buscar a alguien que me guiase y ayudase a agradar más a Dios y a encaminar mi vida a ello. Pues bien, el primer día de la peregrinación, estaba saliendo de una de las charlas, buscando a mi madre y a mis hijos, que se habían adelantado y los había perdido de vista, cuando se me acercó un sacerdote muy sonriente, saludándome. Nos habíamos conocido en aquel SVE de gente necesitada de diciembre. Tras intercambiar unas palabras, me dijo que me tenía que dejar, pues iban a empezar las confesiones; entonces le dije que por qué no empezaba confesándome a mí. Le revelé poco a poco mis pecados y, de pronto, me vi volviendo a mi adolescencia, a mi juventud, a mi corazón, desde donde venían pecados que nunca antes había confesado, porque los había borrado de mi cabeza, tal vez por vergüenza, no lo sé. El caso es que hice la confesión más profunda y completa de toda mi vida. Al terminar, me dije, «¡Wow, sí que te has quedado limpia! Eso sí es una confesión», y me sentí más ligera y menos herida. Entonces, fruto de un impulso, le solté al sacerdote si podía ser mi director espiritual. Así, de buenas a primeras, sin conocernos más que de una confesión y de intercambiar un saludo. El pobre me miró ojiplático y alcanzó a decirme: «Pero yo no voy a poder atenderte bien, soy un desastre, no vas a poder aguantarme. Además, tú vives en Madrid, estamos lejos; quizás sería mejor que buscases uno allí...». Me da igual —le dije—, necesito un director espiritual y quiero que sea usted». Y así zanjé el tema, no le di más opción. Ahora le hago rabiar recordándole las mil y una maneras en que intentó esquivar a su ovejita negra, como me llamo a mí misma, y no lo consiguió. Solo puedo dar gracias a la Virgen de Fátima por regalarme este padre espiritual y al padre Santi por enseñarme el camino al Cielo.

Con la ayuda del padre Santi fui trabajando progresivamente en mi matrimonio, que era entonces a lo que debía prestar una especial atención. Si bien desde que hice el retiro había mejorado, había aún mucho camino por recorrer. Me fue dando a conocer al Señor, a la Virgen, ayudándome con todas las dudas que tenía, y, en base a ello, fui reordenando poco a poco mi vida y, sobre todo, mis prioridades. Yo seguía haciendo publicidad en mis redes, pues me daba buenos ingresos, a la vez que hablaba de mi amor por Dios. Fue fácil al principio; sin embargo, un día empecé a perder por completo la paz al hacerlo.

En una de las historias de mi cuenta de Instagram, publicitaba una camisa o unos pantalones y, en la siguiente, hablaba del Señor. ¿Cómo podía mezclar una cosa tan pequeña como una prenda de ropa con algo tan grande como era Dios? No, no podía; me era imposible seguir así. De repente, vi con claridad que mis redes sociales debían ser total y absolutamente para Él; que todo lo mío debía ponerlo a sus pies, entregárselo al Señor. Y entonces me surgieron los miedos: ¿qué me iban a decir en casa? ¿Repercutiría mucho ese dinero perdido en el ritmo de vida de la familia? Si solo hablaba de Dios, ¿quién iba a querer seguirme? Perdería todos mis seguidores y, entonces, ¿qué sentido tendría evangelizar a las tres personas que me quedasen?... Una avalancha de preguntas se agolpó en mi cabeza y mi corazón se estremeció, pero entonces le dije a Dios: «Es igual, Señor, mis redes son ahora tuyas. Si quieres que solo sean tres los que lean y escuchen tu palabra, tres almas habrán merecido ya la pena». Y tras esto, llamé a mi agencia y les notifiqué que lo dejaba. Qué paz y qué libertad tan grande experimenté; no lo puedo explicar con palabras. Y para mi sorpresa, no solo no perdí seguidores, sino que fui ganando poco a poco. Estaba claro que era obra de Dios, un verdadero milagro. Eran Sus redes y el protagonista era Él.

Mi hermana Casilda se había ido poco a poco acercando a Dios y empezamos a acudir juntas a las alabanzas que habían surgido a raíz de la experiencia de los Seminarios de Vida en el Espíritu vivida por muchos sacerdotes y laicos que hizo brotar la necesidad de reunirse con frecuencia para glorificar al Señor y para seguir compartiendo la experiencia de estos seminarios. Así surge Pueblo de Alabanza, que, bajo el cuidado y el discernimiento del arzobispo de Toledo, encauza esta corriente de gracia. Estas alabanzas, cada domingo, eran, junto con los sacramentos, la fuente que nos daba de beber y avivaba nuestra fe. Y en estas escapadas de domingo, el Señor nos fue regalando unas personas que se convertirían poco a poco en nuestra familia espiritual, esa que todos necesitamos para perseverar en este camino hacia el Cielo que no es en absoluto fácil. Ya advierten las escrituras: «Más valen dos que uno solo, pues obtienen mayor ganancia de su esfuerzo. Pues, si cayeren, el uno levantará a su compañero; pero ¡ay del solo que cae!, que no tiene quien lo levante» (Eclesiastés 4, 9-10). Esta cita me encanta y me recuerda que el Señor nos quiere unidos, formando equipo y no en solitario. Una noche, mientras volvía de una de estas alabanzas, sentí que el Señor me hablaba al corazón y me pedía: «Acerca el rebaño a mis pastores». Inmediatamente después me vino el recuerdo de toda mi infancia, mi adolescencia, mi juventud; todos esos años en los que para mí los sacerdotes habían sido hombres distantes, con cierto aire de superioridad, fríos...

Estaba claro que tenía que acercarlos por medio de mis redes sociales, pues todo el mundo debía tener la misma oportunidad de beneficiarse de lo que el Señor, por medio de sus sacerdotes, pudiese darnos. Ahora quedaba pensar qué hacer. Acababa en aquella época de comenzar la guerra de Ucrania y, de pronto, me vino una idea a la cabeza. Rezaría rosarios en directo desde mi cuenta de Instagram por la paz en compañía de ellos. Ahora venía el mayor problema: encontrar sacerdotes que quisieran aventurarse conmigo en esto. Mi círculo de sacerdotes se reducía a los de la diócesis de Toledo, y por aquel entonces conocía a unos pocos, y además estos no eran muy amigos de las redes sociales. Llamé a mi amiga, la que conocí en el *parking* de aquel retiro, y le conté mi plan. Al instante me dio el nombre de un sacerdote y me dijo que lo llamara, que él me ayudaría. El padre Valentín era un sacerdote de Toledo que tenía una cuenta en YouTube y otra en Instagram, en las que ponía todas las mañanas una meditación del evangelio de cada día y por medio de las cuales hacía una gran labor de evangelización. Este sacerdote ha llegado a ser, con el tiempo, un hermano y una ayuda del Señor para mí. Al día siguiente, marqué su número. Como es lógico, me daba una vergüenza horrible llamar a un sacerdote al que no conocía de nada y plantearle de buenas a primeras mi nuevo proyecto, pero finalmente lo hice. Y no solo fue muy amable conmigo, sino que se prestó a ayudarme en lo que necesitara.

Le propuse empezar rezando un rosario en abierto —ese sería mi primer directo—. Cierto es que yo estaba muy habituada a las redes sociales, a hablar en ellas, y tenía desparpajo y naturalidad, pero me sentía nerviosa porque ya se sabe que el directo es el directo y me daba cierto miedo escénico el pensar que miles de seguidores podrían estar viéndome. De cualquier manera, fue un éxito, y nos dimos cuenta de que en los misterios del rosario, en los que el padre Valentín hacía una pequeña reflexión, la gente aprovechaba para hacer un montón de preguntas que este resolvía de forma sencilla. Yo, que era la que más perdida estaba y la más deseosa de saber, me unía al resto de gente y lo apabullaba a preguntas. Estaba claro que había mucha sed de Dios, mucha necesidad de conocerlo más.

Estuvimos unas semanas rezando de esta manera el rosario, el padre Valentín y yo. Los rosarios se alargaban cada vez más, y entre misterio y misterio surgían pequeñas charlas con preguntas y dudas que el padre Valentín nos respondía. Entonces tuvimos una idea: pasaríamos a hacer catequesis también en directo y las llamaríamos «instacatequesis». De esta manera iríamos aprendiendo, de la mano del padre Valentín, cada vez más sobre nuestra fe y sobre nuestro Dios. Trataríamos un tema cada vez, ¡había tanto por descubrir!

Las instacatequesis fueron desde el primer momento muy bien acogidas y todo el mundo las disfrutaba enormemente, quizás en especial yo, que las aproveché para aprender mucho y responder a innumerables dudas. Creo que lo que más gustaba de ellas era el carácter sencillo y de andar por casa de los directos; era como estar en el salón de tu casa charlando entre amigos. Además, yo siempre advertía al sacerdote que pensara que estaba dando la catequesis a niños de primera comunión, pues quería que estas fueran aptas para cualquier persona, independientemente de sus conocimientos. En ellas, rezábamos primero una oración, presentábamos el tema del que íbamos a hablar y luego el padre Valentín iba explicándolo mientras yo, de forma espontánea, le iba formulando preguntas. Por otro lado, al ser en directo, los seguidores podían también ir escribiendo y preguntando lo que quisieran.

Con el paso de los meses, nuevos sacerdotes se fueron uniendo a esta aventura evangelizadora de las instacatequesis. De esta manera fuimos enriqueciéndonos de los conocimientos y de la forma de transmitirlos de unos y otros.

Además de poner cada día citas de santos o de libros religiosos que me inspiraban, meditaciones y homilías de sacerdotes que me parecían enriquecedoras y de hacer con regularidad las instacatequesis, recibía un sinfín de consultas de seguidores que me pedían ayuda y consejo con tal o cual tema, en su mayoría de índole personal. Yo, conocedora como era de mis limitaciones y de mi poca madurez espiritual, basándome en mi propia experiencia y en lo bien que me había hecho el tener un director espiritual, los animaba casi siempre a acercarse a su parroquia o a la iglesia más cercana y hablar con un sacerdote, así como a realizar retiros espirituales para tener un encuentro con Jesús, y también les ofrecía mis oraciones.

A mi alrededor los ánimos se habían calmado y, poco a poco, mi familia había ido aceptando a la nueva Ani, enamorada de Jesús y renovada por Él. Comprendieron con el paso del tiempo que esta versión de mí solo sabía quererles más y mejor, entregarse más a ellos, sacrificarse más por los demás. Un día, tuve una experiencia muy bonita, que fue para mí un regalo de Dios. Era viernes, y yo me había levantado pronto aquel día para ir a la capilla de adoración a pasar un rato con el Señor. Al ser muy pronto, las calles estaban prácticamente vacías. Llegué a la capilla, entré y me dispuse a rezar. Había ya unas dos o tres señoras mayores en el interior. En esto, empecé a oír unos gritos en la calle, a lo lejos, que se iban acercando. Parecían dos mujeres peleándose fuera de sí. De pronto, la trifulca llegó hasta la puerta de la capilla, formando un escándalo tremendo, y una de las señoras mayores se levantó y salió a llamarles la atención, pero, para cuando quise darme cuenta, las dos mujeres irrumpieron dentro, ignorando a la señora.

Eran dos niñas muy jóvenes, no tendrían más de diecisiete o dieciocho años. Tenían aquel tipo de pinta que te haría evitarlas si te las encontrases por la noche. Iban vestidas de fiesta, las dos con minifalda, top y tacones; se podía deducir que venían de trasnochar. Una de ellas, la que parecía llevar la voz cantante, pues era la que gritaba con furia a la otra, iba acicalada y limpia. En cambio, la otra chica, cuyo top de color blanco estaba lleno de manchas y de barro, así como su falda, y llevaba el pelo despeinado y revuelto, y el maquillaje corrido por toda la cara, tenía el rostro surcado de lágrimas. Yo pensé que se iban a pegar ahí mismo y que no sabían dónde estaban ni tendrían respeto alguno, pero la chica que lloraba a mares anduvo hasta el primer banco, justo bajo el Santísimo, y se postró de rodillas ante Él, sin parar de llorar, con un recogimiento que me sorprendió. Yo me sentí jueza injusta de esa chica y ese día aprendí una lección. Estuvo así largo rato. La otra chica, la que le había estado gritando, se quedó sentada detrás y, de tanto en tanto, le daba toquecitos en la espalda, invitándola a salir fuera para irse. Yo observaba todo desde mi banco y rezaba con todo mi corazón a Dios, pidiéndole que cuidase y consolase a esa pobre chica. No podía evitar que me viniera a la cabeza santa María Magdalena, a la que yo tanto cariño y devoción le había cogido desde mi acercamiento a Dios.

Toda la escena que había visto, las lágrimas de esta joven chica y el recogimiento con que se había postrado ante Dios me habían tocado profundamente el corazón. Mientras reflexionaba acerca de todo esto, la chica que lloraba se levantó y salió apresuradamente, y entonces yo sentí un impulso que me invitaba a salir a su encuentro, pero no os voy a engañar, sentí miedo. Aun así, me levanté y fui tras ella. Ya en la calle le di un toque en la espalda y le pregunté que qué le pasaba, que si estaba bien. Y entonces me abrazó y lloró desconsoladamente en mi hombro, repitiendo sin parar: «Estoy sola, estoy muy sola». El corazón se me partió en mil pedazos. Le dije que no estaba sola, que lo tenía a Él —señalando hacia la capilla—, que Jesús siempre estaba con ella, que la iba a cuidar y que, cuando se sintiese sola, viniese a estar con Él. Después me contó, mirando con inquietud la puerta de la capilla para ver si salía su acompañante, que esa noche le habían robado y le habían dado una paliza. Le ofrecí darle dinero para que cogiera un taxi y pudiese llegar a casa, pero lo rechazó. En esto, salió la otra chica y se puso junto a nosotras, mirándonos inexpresiva, con impaciencia. La pobre muchacha que tanto había llorado me dio las gracias, me dio un último abrazo y siguió caminando calle abajo con la otra joven. «Cuidaos muchos, chicas, y sed buenas», les grité. Nunca más volví a ver a esa chica, pero desde entonces la tuve en mis oraciones.

Esa mañana volví a casa con el corazón compungido, pensando en el futuro de los jóvenes, en la desesperanza que tienen, en el vacío tan inmenso que sienten y que les hace beber de las fuentes equivocadas. Ese vacío solo puede llenarlo Dios. Como decía san Juan Pablo II: «Es a Jesús a quien buscáis cuando soñáis la felicidad». También pensé en la ingenuidad de estos jóvenes. Pueden vestirse de adultos, maquillarse mucho, llevar una vida que no corresponde a su edad, pero, al fin y al cabo, siguen siendo unos niños. Y qué bonita inocencia... Ojalá pudiésemos entre todos protegerla.

Por otro lado, al fin mi hermana se había encontrado también con el Señor, y lo mismo pasó con mi hija mayor. Mi marido fue poco a poco sucumbiendo también a la acción de su gracia, pero cada uno a su ritmo y a su manera, pues el Señor tiene un modo para cada uno de sus hijos. El ladrón de corazones estaba haciendo lo que desde el principio me prometió: «Ni uno de los tuyos se perderá». Estoy segura de que así será porque Él siempre cumple sus promesas.

Un día, el padre Santi me habló de la consagración de los hogares al Señor. Esto consistía en poner una imagen del Sagrado Corazón de Jesús en casa y, mediante un sencillo acto dirigido por un sacerdote, la familia se comprometía a poner en primer lugar al Señor y sus intereses para que Él también velase por los de la familia y cuidase de ella. Todo ello estaba basado en la afirmación hecha por nuestro Señor a santa Margarita María de Alacoque: «¡Reinaré por medio de mi Corazón!», y en esta promesa: «[…] estableceré la paz en sus hogares; les daré todas las gracias necesarias a su estado de vida; los confortaré en todas sus aflicciones; bendeciré todas sus empresas». Bueno, pues esto hicimos: entronizamos nuestra casa y toda la familia nos reunimos en torno al Sagrado Corazón de Jesús, rezamos juntos y le confiamos nuestro hogar y a nuestra familia. Una imagen suya preside desde entonces la entrada de nuestra casa, junto a una de la Virgen María. Él es el que recibe y el que despide a todo el que entra; Él es el rey de la casa.

Esto y la ayuda del padre Santi nos ayudaron a que nuestro matrimonio despegase y fuera de bien en mejor. Recuperamos el amor y la ilusión primera; aprendimos a querernos bien, a respetarnos. Y un 22 de septiembre de 2022 celebramos en el Castañar, en la misma capilla en la que habíamos contraído matrimonio, nuestra renovación de votos matrimoniales con ocasión de nuestro quince aniversario de boda. Fue un día muy especial para nosotros, sobre todo para mí, pues por vez primera era verdaderamente consciente de la importancia de lo que estaba haciendo. Lo había reflexionado, lo entendía y me había preparado mucho para ello. Ya no era esa niña de veinte años que, como en un sueño, recorrió el pasillo de esa iglesia embarazada de seis meses, sin saber verdaderamente la trascendencia del compromiso que iba a tomar con su marido y con Dios.

La misa fue muy bonita y entrañable; habíamos reunido allí a todas las personas que eran importantes para nosotros. En los mismos bancos de hace quince años estaban sentadas las mismas personas, nuestras familias y nuestros amigos de siempre, pero también todos esos hombres y mujeres que el Señor me había puesto en este nuevo camino como un regalo y que me habían acompañado y ayudado a no alejarme de Él. A los pies del altar, el Cristo profanado ante el que tantas generaciones se habían postrado a rezar —la última, mis padres, para que nuestro matrimonio prosperase—. Y presidiendo la misa, el padre Santi, acompañado por todos aquellos sacerdotes que eran para nosotros parte ya de la familia, además de nuestro bastón en este camino hacia las alturas. Tras la misa, comimos y compartimos la tarde todos, los de un mundo y los del otro, en los jardines que me habían visto crecer. Y como Dios por medio de sus sacramentos regala muchas gracias, esta renovación de votos nos ayudó a seguir creciendo y luchando para que nuestro matrimonio fuera cada vez más agradable a Dios y al otro.

A finales de ese año hice mis primeros ejercicios ignacianos. Consistían en un fin de semana, de viernes a domingo, de silencio y oración. Dentro de lo que cabe, no eran de los largos, pero lo cierto es que me costó la misma vida seguir el ritmo. A mí, que tengo problemas de concentración y soy muy movida, se me hacía un mundo guardar el silencio en los prolongados ratos de adoración —y, honestamente, confieso que no conseguí estar todo el tiempo callada—. El domingo me dije que aquello no era lo mío, que yo no valía para ese tipo de actividad, y, sin embargo, el Señor se las arregló para hacerme saber lo que quería de mí. De pronto, me vino una inquietud al corazón: la educación de mis hijos. Debía cuidarla, mucho, y hacer lo posible para que Dios fuera el centro de ella. Lo hablé con el sacerdote que impartía los ejercicios, que era el padre Santi, y, al llegar a casa, lo consulté con mi marido y tomamos una decisión: cuando acabara el curso, los cambiaríamos de colegio, a uno católico, donde recibieran una formación religiosa sólida y en valores, y donde les enseñasen a conocer a Jesús y a la Virgen.

Al año siguiente hice mis segundos ejercicios ignacianos. Me había propuesto hacerlos mucho mejor que los primeros. Al fin y al cabo, había hecho un recorrido de casi un año en mi vida espiritual y pensaba que esta madurez me ayudaría en mi propósito de llevarme una mejor experiencia. Y lo conseguí, aunque a mitad del proceso colapsé: mi concentración me abandonó y un «circo interior» tomó posesión de mi cabeza. Desesperada, llamé al padre Valentín y le dije: «Padre Valentín, no puedo más. Yo no sirvo para esto, soy incapaz de mantener el recogimiento. No tengo capacidad». Y entonces él me contestó algo que me ayudó mucho y me hizo cambiar el chip para siempre: «Ani, no digas eso. El Señor nos conoce, el Señor te conoce. Lo que a otros dice en silencio, a ti te lo dirá a voces». Y tenía toda la razón. Dios es mi padre, me ha pensado detenidamente, con amor. Me creó como un artista crea su obra maestra, lo mismo que ha hecho con cada uno de nosotros. Entonces, ¿por qué me iba a preocupar de no poder entender lo que quería de mí? Bastaba con tener el deseo de cumplir su voluntad y abandonarme en sus brazos paternales con confianza. Él me conduciría, me iría guiando, pues sabía cómo llevar las riendas de este inquieto corazón. Y con esta seguridad seguí adelante con los ejercicios, con la promesa de hacer lo que pudiera y la certeza de que el Señor obraría en mí.

Y así fue. Terminé los ejercicios con la firme convicción de que debía aprender a amar más y mejor la Cruz; que tenía que aprender a amar a Jesús crucificado igual que lo amaba glorificado, y que debía entregarme más a los míos, a mi marido y a mis hijos. Y eso me propuse: pasar más tiempo con ellos. Hube de renunciar a cosas y momentos que, tal vez, me descansaran más o fueran más necesarios para mí a nivel individual; sin embargo, en esta entrega, en esas excursiones familiares de fin de semana, en esas tardes de juegos con los niños y esas noches de confidencias con mis adolescentes, en esas comidas y cenas todos juntos —en definitiva, en mi familia—, me di cuenta de lo que verdaderamente llenaba mi corazón y me daba paz, lo que me hacía sentirme realizada.

Una vez más, descubrí que, si aprendía a escuchar a Dios y a confiar, siguiendo lo que me pedía, Él me regalaría una plenitud que no alcanzaría de otra manera.

7
Transmitir el legado

Después de reencontrarme con Jesús, me reencuentro también con mis raíces. Es como un volver a nacer, volver a empezar de cero. Estas raíces mías que son profundamente cristianas y católicas, tradicionales, impregnadas de grandes ideales que se han ido transmitiendo de generación en generación no solo de palabra, sino con el ejemplo de vida. Esto es importante porque los niños ven y hacen, aprenden con el ejemplo. Pues bien, yo había tenido buen ejemplo en casa y había acogido con mi inocente corazón infantil todo lo que mi familia me había enseñado, pero, conforme crecí, fui perdiendo la inocencia y dejándome atrapar por el mundo y por las tentaciones que lo gobiernan: el poder, el placer y el poseer. Pero me reencontré con Cristo, me dejé llevar por Él y permití que, tomándome del brazo, me sacase de esa ensoñación en la que andaba perdida. Y entonces eché la vista atrás, a mis primeros recuerdos, a esas tardes de familia en que los mayores hablaban mientras nosotros, chiquillos revoltosos, jugábamos en torno a ellos, pero sin dejar de poner la oreja, y, de tanto en tanto, parábamos para escuchar, ensimismados, algunas historias. A mí me abstraían los relatos de mis antepasados y, en especial, de los que habían alcanzado la santidad. Nos hablaba mi abuelo de san Francisco de Borja, cuyo hijo Juan fue el primer conde de Mayalde, título que ahora ostentan mis padres. También de san Luis Gonzaga, cuyo hermano tuvo una hija que se casó con el V duque de Abrantes, cuyos descendientes emparentarían después con los Finat. Otra santa relacionada con nosotras que estaba a menudo en boca de la familia era santa Teresa de Ávila, con quien emparentábamos por medio del II vizconde de Rías, título que ahora ostenta mi hermana Cas, que se casó con un familiar de esta santa. Y yo iba creciendo y pensaba en lo alto que nos habían puesto el listón estos antepasados, y soñaba con imitar sus virtudes; en cambio, cuando fui adulta, no pude sino sentirme la vergüenza de la familia. No obstante, sé que con tan grandes intercesores en el Cielo, si tantos favores prestan a la iglesia militante, cuánto más harán por nosotros. Eso quiero creer. También me consuela aquello que dijo el papa Francisco de que «no hay santo sin pasado ni pecador sin futuro». Hay esperanza; mientras tengamos a Jesús y su infinita misericordia, hay siempre esperanza. Y a través de un breve resumen de sus vidas vamos a verlo, pues quiero aprovechar para transmitir a mis hijos el enorme legado que de mi familia he recibido.

El primero de estos santos, san Francisco de Borja, fue un importante miembro de la nobleza española del siglo XVI, descendiente de realeza, que gozaba de un inmenso poder, riquezas y privilegios. IV duque de Gandía y marqués de Lombay, desde muy joven anduvo en la corte de Carlos V, primero, sirviendo como paje a su hermana, la infanta Catalina, y, luego, como paje de la emperatriz Isabel, mujer del emperador. Bisnieto de papa y nieto de rey, se casó muy joven con su mujer, Leonor, con quien tuvo ocho hijos. (Como veis, tuvo una vida mundana, como la de cualquier noble de la época, como la que puede tener hoy una persona con posesiones y poder. Podríamos decir que era un padre de familia con mucha influencia). La bella emperatriz murió joven y a Francisco le tocó acompañar a la comitiva real hasta Granada, donde sería enterrada. Al llegar y abrirse el ataúd, pudo ver el rostro descompuesto de tan bella mujer y quedó tan conmovido en el alma que se prometió a sí mismo que «jamás volvería a servir a señor que hubiese de morir» y se decidió a llevar una vida más perfecta. (Este podría ser mi punto de inflexión, mi encuentro en aquel Seminario de Vida en el Espíritu con Jesús, con ese amor sin límites por mí y con todo un pasado mío de infidelidades y desagradecimiento hacia Él). Al mismo tiempo, lo nombraron virrey de Cataluña, cargo que desempeñó sin descuidar su intensa vida espiritual. Este cargo fue decisivo, como él mismo diría, para posteriormente ser general de la Compañía de Jesús:

Dios me preparó en ese cargo para ser general de la Compañía de Jesús. Ahí aprendí a tomar decisiones importantes, a mediar en las disputas, a considerar las cuestiones desde los dos puntos de vista. Si no hubiese sido virrey, nunca lo habría aprendido.

Ya en el ejercicio de este cargo, empieza a consagrarse a la oración todo el tiempo que tenía libre, que era poco, intentando comulgar con la mayor frecuencia. Esto le provoca la sorna y burla de los personajes de la corte, que lo acusan de pecar de presunción, pues no estaba bien visto que un laico envuelto en los asuntos del mundo comulgase con demasiada frecuencia. A la muerte de su padre, hereda el ducado de Gandía y, por desavenencias con la corte, se instala en esta ciudad con su familia, renunciando al virreinato. En esta ciudad hizo muchas buenas obras por los más pobres, como dejaría por escrito el obispo de Cartagena:

Durante mi reciente estancia en Gandía pude darme cuenta de que don Francisco es un modelo de duque y espejo de caballeros cristianos. Es un hombre humilde y verdaderamente bueno, un hombre de Dios en todo el sentido de la palabra. Educa a sus hijos con un esmero extraordinario y se preocupa mucho por su servidumbre. Nada le agrada tanto como la compañía de los sacerdotes y religiosos.

Al poco tiempo, fallece su esposa. Qué dolor tan grande fue la muerte de Leonor para Francisco. Sin embargo, un encuentro fortuito con san Pedro Favre y con san Pedro de Alcántara fue determinante para que su vida terminase de cambiar y conviniese emprender los ejercicios espirituales de san Ignacio, tras los que decidió hacer los votos de castidad y obediencia, y entrar en la Compañía de Jesús, donde ingresó años después y se ordenó sacerdote, una vez todos sus hijos estuvieron colocados. Renunció a todo título, posesión y riqueza, y le cerró las puertas a los honores y a los títulos mundanos, pero casi inmediatamente Carlos V lo propuso como cardenal. Francisco renunció e hizo los votos simples de los profesos de la Compañía de Jesús, uno de los cuales prohíbe precisamente la aceptación de cualquier dignidad eclesiástica, para que su decisión fuera inapelable.

Su alma se caracterizó, tras su conversión, por tres normas que él mismo se imponía con celo: en primer lugar, la oración y los mandamientos; en segundo, la oposición a la mentalidad del mundo, y, por último, la perfecta obediencia. Aunque también se centró en la búsqueda de la más perfecta humildad, pues comprendió lo importante y difícil que era encontrar la verdadera. Se imponía toda clase de humillaciones a los ojos de Dios y de los hombres. Solía repetir: «Solo son grandes ante Dios los que se tienen por pequeños». En una ocasión en que estaba en el médico suturándose la cabeza tras una caída, le dijo el doctor: «Temo, Señor, que voy a hacer algún daño a vuestra gracia», a lo que le contestó Francisco: «Nada puede herirme más que ese tratamiento de dignidad que me dais». Terminó siendo tercer superior general de la Compañía de Jesús, caracterizándose por su humildad y austeridad, así como por su profunda vida de oración y su gran devoción a la eucaristía y a la Santísima Virgen. Tanto es así que, incluso dos días antes de morir, profundamente enfermo, se empeñó en visitar el santuario de Loreto.

Cuando tienes un encuentro con Dios, tu vida cambia, al igual que pasó con la de este santo. Él quiso ser sacerdote. Para los que no estamos llamados a esto, el voto de pobreza es una llamada a vivir la limosna; el voto de castidad, a vivir el amor puro, y el voto de la obediencia, a tener una vida de oración, pendiente de lo que Dios te pide. San Francisco de Borja nos enseña a no llevar una vida frívola y superficial, a romper con el mundo con su ejemplo, pues el tiempo que poseyó bienes materiales y riquezas supo administrarlos al servicio de su familia y de los más necesitados. Como nos enseña Jesús: «No sois del mundo, sino que Yo os elegí de entre el mundo» (Jn 15, 19). Pido a este santo su intercesión para que Dios me conceda serle fiel siempre y me otorgue las virtudes que le confirió a él.

El segundo santo con el que emparento, san Luis Gonzaga, era hijo del marqués de Castiglione, el cual quería a toda costa que su primogénito siguiera sus pasos como soldado y comandante del Ejército imperial. Su madre, en cambio, habiendo estado a punto de morir antes del nacimiento de Luis, había consagrado nada más nacer al pequeño a la Santísima Virgen y lo había mandado bautizar. El pequeño Luis, con solo cinco años, es llevado por su padre a los cuarteles de Casalmaggiore, donde permaneció meses y donde se dedicó, vestido de soldado, a jugar, arcabuz en mano, entre los soldados de su padre, que se ejercitaban para las campañas que deberían emprender pronto. El pequeño lo pasaba en grande encabezando los desfiles y marchando al frente de los pelotones, pero también de esa experiencia aprendió el más rudo vocabulario de aquellos militares. Su padre lo reprendía y le hacía ver lo grosero de sus palabras, que eran además blasfemas. Luis se sentía sinceramente avergonzado y arrepentido, y, comprendiendo que aquello ofendía a Dios, jamás volvió a repetirlo. Sin embargo, no todo fueron malas influencias, sino que de estos hombres también tomó la importancia del valor y del sacrificio por los grandes ideales.

A los siete años experimenta un despertar espiritual y a sus oraciones matinales y vespertinas añade el oficio diario a Nuestra Señora, los siete salmos penitenciales y otras devociones, recitadas todas ellas siempre de rodillas sobre el duro suelo. Siendo aún un chiquillo, su padre lo mandó a Florencia como paje del gran duque de Toscana. Un día, mientras su madre observaba jugar a sus dos hijos, exclamó: «Si Dios se dignase a escoger a uno de vosotros para su servicio, ¡qué dichosa sería yo!». Entonces, el pequeño Luis le dijo al oído: «Yo seré el que Dios escogerá». Desde su primera infancia se había entregado por completo a la Santísima Virgen y fue con nueve años cuando se unió a ella haciendo votos de perpetua virginidad. Con doce, había llegado al más alto grado de contemplación y con trece recibía la primera comunión de manos de san Carlos Borromeo, que quedaría impactado por la inocencia y sabiduría de aquel niño que vivía en medio de la corte. Y es que este lugar representaba las peores tentaciones que el mundo podía ofrecer; sin embargo, para un alma tan piadosa como la de Luis, los ejemplos funestos que vio en la corte no hicieron sino acrecentar su celo por la virtud y la castidad.

Por otra parte, su padre y su familia seguían oponiéndose a su deseo de ser sacerdote y, para disuadirlo, lo enviaron a varias cortes como paje, amenazándolo con azotarle si no cambiaba de idea. Pretendían despertar en él nuevas ambiciones que le hicieran olvidar sus propósitos, pero no hubo nada que consiguiera doblegar la voluntad de Luis, hasta que, por fin, el padre dio su brazo a torcer y escribió la siguiente carta al general de los jesuitas: «Os envío lo que más amo en el mundo, un hijo en el cual toda la familia tenía puestas sus esperanzas». Así las cosas, Luis ingresaría en la Compañía de Jesús con catorce años. Al poco tiempo de cumplir su sueño de entrar al noviciado, todas las alegrías espirituales que le habían acompañado desde pequeño desaparecieron, entrando en una sequía espiritual terrible. Persiguiendo un camino de santidad, renunció a todo título y herencia, eligiendo siempre en la Compañía de Jesús los encargos más humildes.

Un día, durante sus plegarias, le fue revelado que moriría pronto, anuncio que lo llenó de alegría y le hizo apartar aún más su corazón de las cosas mundanas. Su vida fue una entrega constante a los más pobres, en especial a los enfermos, al servicio de los cuales contrajo la peste. Falleció con veintitrés años, con los ojos fijos en el crucifijo y el nombre de Jesús en sus labios.

He de confesar que siento una verdadera admiración por la historia de este santo y me gustaría aprender de él su amor y entrega a la Virgen María, de la que espero recibir también la virtud de la pureza, que me ayude a conservar la inocencia. Deseo aprender de san Luis Gonzaga a perseverar en la lucha contra la mundanidad, poniendo siempre los ojos en el Cielo, y a dar la vida por los más necesitados, creciendo cada día en la virtud de la caridad.

Por último, en cuanto a santa Teresa de Jesús, esta tiene un camino espiritual y de conversión que supone todo un canto a la esperanza y un claro ejemplo, como fue mi caso, de lo fácil que nos resulta intentar compaginar el mundo con Dios y del daño que nos hacemos a nosotros mismos y a nuestro Señor. Teresa pertenecía a la alta sociedad de Ávila. De familia católica, de bien pequeña soñaba, al igual que su hermano Rodrigo, con la eternidad. Juntos admiraban las victorias de los santos al conquistar la gloria del Cielo dando su vida por Cristo, y soñaban con ser mártires e ir a tierras lejanas, como muchos de ellos. (También yo soñaba con imitar los ejemplos de vida que de los santos me contaban mis abuelos o me leía mi madre y que, cuando aprendí a leer, pude ir descubriendo por mí misma). Incluso llegan a escapar en su deseo de realizarlo, pero son interceptados por un tío suyo que los lleva de vuelta a casa.

En su habitación, Teresa solía postrarse ante un cuadro del Salvador junto a la samaritana y pronunciaba las siguientes palabras: «Señor, dame de beber para que no vuelva a tener sed». Sin embargo, recién entrada en la adolescencia, pierde a su madre y se aficiona a la lectura de novelas de caballería, que hacen mucho daño a su joven alma, si bien no pierde del todo su deseo de entregar su vida por Dios. Teresa experimenta cambios, desarrollando poco a poco su vanidad, y ella misma dirá:

Las novelas de caballerías me gustaban tanto que no estaba yo contenta cuando no tenía una entre las manos. Poco a poco empecé a interesarme por la moda, a tomar gusto en vestirme bien, a preocuparme mucho del cuidado de mis manos, a usar perfumes y a emplear todas las vanidades que el mundo aconsejaba a las personas de mi condición.

(También a mí, en la adolescencia, el mundo me sedujo y fui dejándome atrapar por él, haciendo a un lado a Dios y a esas nobles aspiraciones que de pequeña había tenido. Aunque, en mi caso, las abandoné por completo).

El padre, preocupado, la manda a estudiar a un convento de agustinas. Sin embargo, un tiempo después, cae enferma y se ve obligada a volver a casa. En su convalecencia, caen en sus manos las cartas de san Jerónimo y su lectura hace gran eco en su alma. Surge en su corazón el deseo de ser religiosa y se lo confiesa a su padre, pero este se niega y le dice que, hasta que él no muera, no podrá ingresar en el convento. Teresa se escapa y, desobedeciendo a su padre, ingresa en uno donde ya está una gran amiga suya, el de la Encarnación. Tenía veinte años.

Esos primeros años sufrió una grave enfermedad, tiempo de convalecencia que utilizó para leer libros espirituales que la ayudaron a progresar espiritualmente. Sin embargo, tras recuperarse, volvió a caer en uno de los males que más afectaban a su alma, la vanidad. Teresa empezó a dejar de lado la oración para pasar la mayor parte del tiempo recibiendo visitas y charlando en el recibidor del convento; es decir, compaginaba la vida de la alta sociedad de Ávila con la del monasterio. Los ratos de oración que tenía los pasaba con el deseo de que terminaran pronto, para poder bajar y seguir con las visitas. Sobre esto, ella misma expresó: «No gozaba de los consuelos de Dios ni de los consuelos del mundo». Esta situación continuó hasta que un día, mientras estaba frente a la imagen de un Cristo flagelado y sangrante, le preguntó apenada: «¿Quién te ha hecho eso?». Entonces, una voz le contestó: «Tus charlas en la sala de visitas, esas fueron las que me pusieron así». Teresa rompió a llorar, quedando profundamente impresionada. A partir de ese momento, dejó para siempre esa mala costumbre que tanto perjudicaba a su alma y volvió a la oración. Más adelante, Dios le recompensará el cambio.

(Es sorprendente comprobar que el Señor sale una y otra vez a nuestro encuentro. Que no tira la toalla nunca con sus hijos. Tampoco yo gozaba de mi vida, estaba vacía, pues no me llenaba el mundo ni me había dejado encontrar por Dios. Y es que el Señor es un caballero. Es respetuoso y delicado, no obliga a nada y respeta nuestra libertad. Él sale a nuestro encuentro y espera pacientemente a que nos dejemos encontrar. Qué bonito cuando te rindes a su amor y pones tu vida en Sus manos, pues el Señor se vuelca y te da el cien por uno. Qué espléndido es nuestro buen Dios).

A los cuarenta y cinco años, para responder a las gracias extraordinarias que el Señor le regala, Teresa emprende una nueva vida, cuyo lema será «O sufrir o morir». Funda el convento de San José de Ávila, el primero de los quince carmelos que implantará en España. Además, con san Juan de la Cruz, introduce una gran reforma carmelitana. Nuestra santa es doctora de la Iglesia y sus escritos constituyen un modelo seguro a seguir para mejorar en los caminos de la oración y de la perfección.

Quisiera yo también, al igual que esta santa, aprender a poner mi impetuosidad al servicio del Reino de Cristo y poder merecer algún día la intimidad de corazón a Corazón con Él que santa Teresa consiguió. En definitiva, pido al Señor que el ejemplo de estos tres santos y, en especial, su intercesión por mí me ayuden a crecer en este difícil camino de perfección que deseo alcanzar para poder gozar algún día del Cielo. Ahondar en mis recuerdos para escribir este libro me ha hecho reflexionar y entender que todos los bienes que tenemos nos han sido dados por Dios. Y que debemos contribuir con estos bienes recibidos y emplearlos en tanto en cuanto sirvan para la gloria de Dios y el bien de las almas, para amar y servir a su Divina Majestad en todo. Tenemos que sentirnos en el deber de servir a todo el pueblo de Dios. Y esto se puede hacer de muchas maneras, no solo a través de bienes materiales. Cada uno debe aportar su granito de arena, contribuyendo a llevar a Dios a los más pobres, es decir, cediendo nuestro tiempo, atención y ayuda a los que más lo necesitan.

Fue muy importante para mí entender que Dios es el Señor de todo. En la sociedad de hoy hay dos ideologías que han hecho mucho daño. Por un lado, está la ideología marxista, que ha metido de forma indirecta en las clases más sencillas un veneno que los lleva a pensar que los grupos sociales están enfrentados. Los santos nos han enseñado que los beneficios y los bienes que recibimos son de Dios y debemos compartirlos con los más necesitados. Si tenemos trabajadores a nuestro servicio, han de ser tratados con la dignidad de los hijos de Dios, esto es, como hijos y hermanos nuestros. Si ellos nos sirven en un sentido, nosotros les servimos en el otro. Es necesario que estemos pendientes de sus demandas humanas, materiales y espirituales. Porque todos somos iguales en dignidad ante Dios por ser hijos suyos, pero cada uno ha recibido una llamada. Por otro lado, la ideología liberal ha hecho daño de manera directa a la aristocracia, haciendo creer que se pueden separar los ámbitos de la vida, como si Dios no fuera Señor de todo. Así, en muchas ocasiones, nos hemos conformado con un barniz de cristianismo y de costumbres sociales, sin dejar que Dios impregnase todos los ámbitos de nuestra vida. Él debe ser también Señor de nuestro tiempo libre, de nuestras vacaciones. ¿Empleamos nuestro tiempo de descanso y ocio también para descansar de Dios? El Señor es dueño de nuestras posesiones y nuestras cualidades, de todo lo que tenemos y lo que somos. Seguirlo y servirle no es compatible con la mundanidad. Como nos han enseñado nuestros santos, es imposible compaginar ambos mundos. Pues, como nos enseña Cristo, «nadie puede servir a dos señores; porque aborrecerá a uno y amará al otro; o bien se entregará a uno y despreciará al otro. No podéis servir a Dios y al dinero» (Jn 6, 24).

Pido a Dios que me conceda ser fiel a todo esto que, tras mi encuentro con Él, he entendido, pues la tentación de compaginar ambos mundos es enorme. Que la Santísima Virgen me lleve de la mano y me indique el camino para en todo agradarlo y para reparar su Corazón. Quiero transmitir a mis hijos el espíritu de lucha verdadera por la patria y por la fe que he recibido de mis padres y abuelos. Debemos luchar para que España vuelva a ser tierra de María, les debemos eso a nuestros mayores. La fe y la historia de nuestra patria no son otra cosa que la evangelización de medio mundo, y esto quiero transmitírselo a ellos, así como hacerles entender que los santos son los verdaderos héroes a los que hay que admirar e imitar. Me gustaría que comprendieran, a través del ejemplo de algunos de nuestros santos, como san Isidro Labrador y santa María de la Cabeza (campesinos) o san Fernando (rey), que la santidad es para todos.

Epílogo

Cuando conoces el amor de Cristo, te roba el corazón. Dice mi director espiritual que es imposible conocer a Jesús y no amarlo, y que es imposible amarlo y no seguirlo. Y es así. Cuanto más conoces a este Dios que es todo amor, todo bondad, todo misericordia, todo generosidad; cuanto más conoces ese amor desinteresado, ese amor mendigo, ese amor leal, un amor desde siempre y para siempre, más quieres saber de Él, más deseas tener un corazón como el suyo, más quieres devolverle cuanto de Él recibes. Este Dios te ha pensado y creado como un artista crea su mejor obra de arte; te ha dado el valor y la dignidad de llamarte hijo Suyo; te ha llamado a formar parte de un plan de colaboración con él, un plan de redención de tus hermanos en la tierra. Tienes una misión, un propósito. Tu vida tiene sentido, mucho sentido; estás llamado a algo muy grande. Este Dios te ha amado hasta dar su vida en una cruz por ti, por ti con nombre y apellidos. Y si fueras la única persona sobre la faz de la tierra, lo haría igualmente porque te ama con todo su corazón. Este Dios te perdonará una y mil veces; te estrechará en sus brazos, aunque no lo merezcas, y te devolverá la dignidad que creerás haber perdido. Porque Cristo no viene a juzgarnos, sino a salvarnos. Ese es Él, el único que consiguió llenar el intrépido corazón de Ani, que, buscando en sitios equivocados, se moría de sed. Solo espera de nosotros que nos reconozcamos cansados, agobiados, pobres pecadores, pequeñitos; que tengamos necesidad de Él. Y entonces corre en nuestro auxilio, nos estrecha en sus brazos y nos hace descansar en su amor misericordioso.

Hoy, dos años y medio después de mi encuentro con Jesús, puedo decir humildemente, muy consciente de mis miserias y pobrezas, de mis debilidades y limitaciones, que Él es y deseo que sea para siempre el Rey y centro de mi vida, pues no encuentro sentido alguno a una vida en la que no esté el Señor como centro. Le pido que me enseñe a salir de mí misma y a levantar mi mirada al Cielo, donde están las respuestas a todo cuanto puedo necesitar. Soy muy consciente del enorme regalo que he recibido, y nunca podré agradecerle a mi buen Señor lo suficiente cuanto ha hecho por mí. Por ello no puedo más que proclamar a los cuatro vientos que lo quiero, con todo mi corazón, y que deseo darlo a conocer, para que todo el mundo lo quiera y lo alabe como se merece. Para que toda persona pueda gozar de este amor que sana los corazones y los hace libres. Gloria a Dios por siempre.